Gewürzwelten Indiens
Eine Reise durch die Indische Küche

Priya Sharma

Zusammenfassung

Fischspieß 18
    Zutaten 18
    Für die Füllung: 18
    Methode 19
Fischkoteletts 21
    Zutaten 21
    Methode 22
Sookha-Fisch 24
    Zutaten 24
    Methode 25
Mahya Kalia 26
    Zutaten 26
    Methode 27
Garnelen-Curry-Rosachi 28
    Zutaten 28
    Methode 29
Mit Datteln und Mandeln gefüllter Fisch 30
    Zutaten 30
    Methode 30
Tandoori-Fisch 32
    Zutaten 32
    Methode 32
Fisch mit Gemüse 33

Zutaten 33

Methode 34

Tandoor Gulnar 36

Zutaten 36

Für die erste Marinade: 36

Für die zweite Marinade: 36

Garnelen mit grünem Masala 37

Zutaten 37

Methode 38

Fischkotelett 39

Zutaten 39

Methode 40

Parsi Fish Sas 41

Zutaten 41

Methode 42

Peshawari Machhi 43

Zutaten 43

Methode 43

Krabbencurry 45

Zutaten 45

Methode 46

Fisch mit Senf 47

Zutaten 47

Methode 47

Minus Vattichathu 49

Zutaten 49

Methode 50

Doi Maach 51
    Zutaten 51
    Für die Marinade: 51
    Methode 52
Gebratener Fisch 53
    Zutaten 53
    Methode 53
Chop Machher 54
    Zutaten 54
    Methode 54
Goa-Schwertfisch 56
    Zutaten 56
    Methode 57
Trockenfisch-Masala 58
    Zutaten 58
    Methode 58
Madras-Garnelen-Curry 59
    Zutaten 59
    Methode 59
Fisch mit Bockshornklee 60
    Zutaten 60
    Methode 61
Karimeen Porichathu 62
    Zutaten 62
    Methode 63
Riesengarnelen 64
    Zutaten 64

Methode 65
Marinierter Fisch 66
    Zutaten 66
    Methode 66
Fischbällchen-Curry 68
    Zutaten 68
    Methode 69
Amritsari-Fisch 70
    Zutaten 70
    Methode 70
Gebratene Garnelen Masala 71
    Zutaten 71
    Methode 72
Fisch mit Bohnenkraut garniert 73
    Zutaten 73
    Methode 74
Pasanda-Garnelen 75
    Zutaten 75
    Methode 76
Schwertfisch-Rechaido 77
    Zutaten 77
    Methode 78
Teekha Jhinga 79
    Zutaten 79
    Methode 80
Garnelen-Balchow 81
    Zutaten 81

Methode 82
Garnelen-Bhujna 83
    Zutaten 83
    Methode 84
Gendi Macher Malai 85
    Zutaten 85
    Methode 86
Bata Fish entstand 87
    Zutaten 87
    Methode 87
Fischeintopf 88
    Zutaten 88
    Methode 89
Jhinga Nissa 90
    Zutaten 90
    Methode 91
Tintenfisch Vindaloo 92
    Zutaten 92
    Methode 93
Hummer-Balchow 94
    Zutaten 94
    Methode 95
Garnelen mit Auberginen 96
    Zutaten 96
    Methode 97
Grüne Garnelen 98
    Zutaten 98

Methode 98

Fisch mit Koriander 99

    Zutaten 99

    Methode 99

Malaiischer Fisch 100

    Zutaten 100

    Für die Gewürzmischung: 100

    Methode 101

Konkani-Fischcurry 102

    Zutaten 102

    Methode 102

Würzige Knoblauchgarnelen 103

    Zutaten 103

    Methode 104

Einfaches Fischcurry 105

    Zutaten 105

    Methode 105

Fischcurry aus Goa 106

    Zutaten 106

    Methode 107

Garnelen-Vindaloo 108

    Für 4 Personen 108

    Zutaten 108

    Methode 109

Fisch mit grünem Masala 110

    Zutaten 110

    Methode 111

Muschel Masala 112
    Zutaten 112
    Methode 113

Fisch-Tikka 114
    Zutaten 114
    Methode 115

Mit Garnelen gefüllte Auberginen 116
    Zutaten 116
    Methode 117

Garnelen mit Knoblauch und Zimt 118
    Zutaten 118
    Methode 118

Gedämpfte Seezunge mit Senf 119
    Zutaten 119
    Methode 119

Gebratene Fischnudeln 121
    Zutaten 121
    Methode 122

Fischeintopf 123
    Zutaten 123
    Methode 124

Garnelen-Ei-Curry 125
    Zutaten 125
    Methode 126

Maulwurfsfisch 127
    Zutaten 127
    Methode 127

Garnelen-Bharta 129

    Zutaten 129

    Methode 130

Scharfer Fisch und Gemüse 131

    Zutaten 131

    Methode 132

Makrelenschnitzel 133

    Zutaten 133

    Methode 134

Tandoori-Krabbe 135

    Zutaten 135

    Methode 135

Gefüllter Fisch 136

    Zutaten 136

    Methode 137

Garnelen-Blumenkohl-Curry 138

    Zutaten 138

    Für die Gewürzmischung: 138

    Methode 139

Sautierte Muscheln 140

    Zutaten 140

    Methode 141

Gebratene Garnelen 142

    Zutaten 142

    Methode 143

Makrele in Tomatensauce 144

    Zutaten 144

- Methode 145
- Konju Ullaruathu 146
  - Zutaten 146
  - Methode 147
- Chemeen Manga Curry 148
  - Zutaten 148
  - Methode 149
- Einfache Machchi-Pommes 150
  - Zutaten 150
  - Methode 150
- Machher Kalia 151
  - Zutaten 151
  - Methode 152
- Gebratener Fisch im Ei 153
  - Zutaten 153
  - Methode 153
- Lau Chingri 154
  - Zutaten 154
  - Methode 155
- Fischtomate 156
  - Zutaten 156
  - Methode 157
- Chingri Machher Kalia 158
  - Zutaten 158
  - Methode 158
- Fisch-Kebab-Tikka 159
  - Zutaten 159

- Methode 159
- Chingri Machher Jakobsmuschel 160
  - Zutaten 160
  - Methode 161
- Gekochter Fisch 162
  - Zutaten 162
  - Methode 162
- Garnelen mit grünen Paprika 163
  - Zutaten 163
  - Methode 163
- Machher Jhole 164
  - Zutaten 164
  - Methode 165
- Machher Paturi 166
  - Zutaten 166
  - Methode 167
- Chingri Machher Shorsher Jhole 168
  - Zutaten 168
  - Methode 169
- Garnelen-Kartoffel-Curry 170
  - Zutaten 170
  - Methode 171
- Garnelenmaulwurf 172
  - Zutaten 172
  - Methode 173
- Koliwada-Fisch 174
  - Zutaten 174

Methode	175
Fisch- und Kartoffelbrötchen	176
Zutaten	176
Methode	177
Garnelen-Masala	178
Zutaten	178
Methode	179
Knoblauchfisch	180
Zutaten	180
Methode	180
Reis mit Kartoffeln	181
Zutaten	181
Für die Fleischbällchen:	181
Methode	182
Gemüsespreu	183
Zutaten	183
Methode	184
Kachche Gosht ki Biryani	185
Zutaten	185
Für die Marinade:	185
Methode	186
Achari Gosht ki Biryani	188
Zutaten	188
Methode	189
Yakhni Pulao	191
Zutaten	191
Methode	192

Hyderabadi Biryani 194
    Zutaten 194
    Für die Gewürzmischung: 194
    Methode 195
Gemüse-Biryani 196
    Zutaten 196
    Methode 197
Grünkohl Moti ki Biryani 199
    Zutaten 199
    Methode 200
Gehackt und Masoor Pulao 202
    Zutaten 202
    Methode 203
Hühnchen Biryani 204
    Zutaten 204
    Für die Marinade: 204
    Methode 205
Prawn Biryani 207
    Zutaten 207
    Für die Gewürzmischung: 207
    Methode 208
Kartoffel-Ei-Biryani 210
    Zutaten 210
    Für den Teig: 211
    Methode 211
Den Poulao schneiden 213
    Zutaten 213

Methode	214
Chana Pulao	215
Zutaten	215
Methode	215
Einfaches Khichdi	217
Zutaten	217
Methode	217
Masala-Reis	218
Zutaten	218
Methode	219

Einführung

Indisches Essen ist sehr vielfältig. Egal für welche Art von Speisen Sie sich interessieren: Fleisch, Fisch oder vegetarisch, Sie werden ein Rezept finden, das zu Ihrem Gaumen und Ihrer Stimmung passt. Obwohl Curry unweigerlich mit Indien in Verbindung gebracht wird, wird der Begriff lediglich für Fleisch oder Gemüse verwendet, das in einer scharfen Soße gekocht und normalerweise mit Reis oder indischem Brot gegessen wird. Wie Ihnen diese Sammlung tausender indischer Rezepte zeigt, ist die indische Küche viel mehr als nur Restaurantfavoriten.

In Indien wird Essen sehr ernst genommen und Kochen gilt als Kunst. Jeder indische Staat hat seine eigenen Traditionen, seine eigene Kultur, seinen eigenen Lebensstil und sein eigenes Essen. Sogar einzelne Familien haben möglicherweise ihre eigenen Geheimrezepte für die Pulver und Pasten, die das Grundgerüst des Gerichts bilden. Allen indischen Gerichten gemeinsam ist jedoch die delikate Alchemie der Gewürze, die ihnen ihren unverwechselbaren Geschmack verleiht.

Die Rezepte im Buch sind authentisch, wie man sie vielleicht in einem indischen Zuhause findet, aber sie sind einfach. Wenn Sie also zum ersten Mal indisches Essen kochen, können Sie sich entspannen. Alles, was Sie tun müssen, ist, die Seiten umzublättern, auszuwählen, was Ihnen gefällt, und ein köstliches Essen im indischen Stil zuzubereiten!

Fischspieß

Für 4 Personen

Zutaten

1 kg Schwertfisch, ohne Haut und filetiert

4 Esslöffel raffiniertes Pflanzenöl plus etwas mehr zum Braten

75 g/2½ Unzen Chana Dhal*30 Minuten in 250 ml Wasser einweichen

3 Nelken

½ Teelöffel Kreuzkümmelsamen

1 Zoll Ingwerwurzel, gerieben

10 Knoblauchzehen

2,5 cm/1 Zimt

2 schwarze Kardamomkapseln

8 schwarze Pfefferkörner

4 getrocknete rote Paprika

Teelöffel: Kurkuma

1 Esslöffel griechischer Joghurt

1 Teelöffel Schwarzkümmelsamen

Für die Füllung:

2 getrocknete Feigen, fein gehackt

4 getrocknete Aprikosen, fein gehackt

Saft von 1 Zitrone

10 g Minzblätter, fein gehackt

10 g Korianderblätter, fein gehackt

Salz nach Geschmack

Methode

- Den Fisch bei mittlerer Hitze 10 Minuten garen. Beiseite legen.

- 2 Esslöffel Öl in einer Pfanne erhitzen. Den Dhal abtropfen lassen und bei mittlerer Hitze goldbraun braten.

- Mischen Sie das Dhal mit Nelken, Kreuzkümmel, Ingwer, Knoblauch, Zimt, Kardamom, Pfefferkörnern, roten Chilis, Kurkuma, Joghurt und Schwarzkümmel. Mahlen Sie diese Mischung mit ausreichend Wasser, um eine glatte Paste zu bilden. Beiseite legen.

- 2 Esslöffel Öl in einem Topf erhitzen. Fügen Sie diese Paste hinzu und braten Sie sie bei mittlerer Hitze 4-5 Minuten lang.

- Den gedünsteten Fisch hinzufügen. Gut vermischen und 2 Minuten rühren.

- Teilen Sie die Mischung in 8 Portionen und formen Sie Fleischbällchen. Beiseite legen.

- Alle Zutaten für die Füllung miteinander vermischen. In 8 Portionen teilen.

- Die Fleischbällchen flach drücken und vorsichtig jeweils einen Teil der Füllung darauf verteilen. Wie eine Tüte verschließen und erneut zu einer Kugel rollen. Die Kugeln flach drücken.

- Das Öl zum Braten in einer Pfanne erhitzen. Die Fleischbällchen dazugeben und bei mittlerer Hitze goldbraun braten. Zurückkehren und wiederholen.

- Auf saugfähigem Papier abtropfen lassen und heiß servieren.

Fischkoteletts

Für 4 Personen

Zutaten

500 g Seeteufelschwanz, ohne Haut und filetiert

500 ml/16 Flüssigunzen Wasser

Salz nach Geschmack

1 Esslöffel raffiniertes Pflanzenöl und etwas mehr zum Braten

1 Esslöffel Ingwerpaste

1 Esslöffel Knoblauchpaste

1 große Zwiebel, fein gerieben

4 grüne Chilischoten, gerieben

½ Teelöffel Kurkuma

1 Teelöffel Garam Masala

1 Teelöffel gemahlener Kreuzkümmel

1 Teelöffel Chilipulver

1 Tomate, blanchiert und in Scheiben geschnitten

25 g/ein paar Korianderblätter, fein gehackt

2 Esslöffel Minzblätter, fein gehackt

400g gekochte Erbsen

2 Scheiben Brot in Wasser einweichen und abtropfen lassen

50 g Semmelbrösel

Methode

- Legen Sie den Fisch mit dem Wasser in eine Pfanne. Salz hinzufügen und bei mittlerer Hitze 20 Minuten kochen lassen. Abgießen und aufbewahren.

- Für die Füllung 1 Esslöffel Öl in einem Topf erhitzen. Ingwerpaste, Knoblauchpaste und Zwiebel hinzufügen. Bei mittlerer Hitze 2-3 Minuten braten.

- Fügen Sie grüne Chilis, Kurkuma, Garam Masala, gemahlenen Kreuzkümmel und Chilipulver hinzu. Eine Minute braten.

- Die Tomate hinzufügen. 3-4 Minuten braten.

- Korianderblätter, Minzblätter, Erbsen und Brotscheiben hinzufügen. Gut mischen. Bei schwacher Hitze 7–8 Minuten kochen lassen, dabei gelegentlich umrühren. Vom Herd nehmen und die Mischung gut vermischen. Teilen Sie es in 8 gleich große Portionen und legen Sie es beiseite.

- Den gekochten Fisch zerstampfen und in 8 Portionen teilen.

- Formen Sie jede Fischportion zu einer Tasse und füllen Sie diese mit einer Portion der Füllmischung. Schließen Sie es wie eine Tasche, formen Sie eine Kugel und formen Sie es wie ein Schnitzel. Wiederholen Sie den

Vorgang für die restlichen Fischportionen und die Abdeckmasse.

- Das Öl zum Braten in einer Pfanne erhitzen. Die Schnitzel in Semmelbröseln wälzen und bei mittlerer Hitze goldbraun braten. Heiß servieren.

Sookha-Fisch

(Getrockneter Fisch mit Gewürzen)

Für 4 Personen

Zutaten

1 cm Ingwerwurzel

10 Knoblauchzehen

1 Esslöffel Korianderblätter, fein gehackt

3 grüne Chilischoten

1 Teelöffel Kurkuma

3 Teelöffel Chilipulver

Salz nach Geschmack

1 kg Schwertfisch, ohne Haut und filetiert

50g Kokosraspeln

6-7 Kokum*1 Stunde in 120 ml Wasser einweichen

4 Esslöffel raffiniertes Pflanzenöl

60 ml Wasser

Methode

- Ingwer, Knoblauch, Korianderblätter, grüne Chilis, Kurkuma, Chilipulver und Salz vermischen. Mahlen Sie diese Mischung zu einer glatten Paste.

- Den Fisch 1 Stunde lang mit den Nudeln marinieren.

- Eine Pfanne erhitzen. Fügen Sie die Kokosnuss hinzu. Bei mittlerer Hitze eine Minute lang trocken rösten.

- Die Kokum-Beeren wegwerfen und das Kokum-Wasser hinzufügen. Gut mischen. Vom Herd nehmen und diese Mischung zum marinierten Fisch geben.

- Das Öl in einem Topf erhitzen. Die Fischmischung hinzufügen und bei mittlerer Hitze 4-5 Minuten kochen lassen.

- Fügen Sie das Wasser hinzu. Gut mischen. Mit einem Deckel abdecken und 20 Minuten kochen lassen, dabei gelegentlich umrühren.

- Heiß servieren.

Mahya Kalia

(Fisch mit Kokos, Sesam und Erdnüssen)

Für 4 Personen

Zutaten

100 g frische Kokosnuss, gerieben

1 Teelöffel Sesamkörner

1 Esslöffel Erdnüsse

1 Esslöffel Tamarindenpaste

1 Teelöffel Kurkuma

1 Teelöffel gemahlener Koriander

Salz nach Geschmack

250 ml/8 Flüssigunzen Wasser

500 g Schwertfischfilets

1 Esslöffel gehackte Korianderblätter

Methode

- Kokosnuss, Sesam und Erdnüsse zusammen trocken rösten. Mit Tamarindenpaste, Kurkuma, gemahlenem Koriander und Salz vermischen. Mit ausreichend Wasser vermahlen, bis eine glatte Paste entsteht.

- Kochen Sie diese Mischung mit dem restlichen Wasser in einem Topf bei mittlerer Hitze 10 Minuten lang und rühren Sie dabei häufig um. Die Fischfilets dazugeben und 10–12 Minuten köcheln lassen. Mit Korianderblättern dekorieren und heiß servieren.

Garnelen-Curry-Rosachi

(Kokos-Garnelen)

Für 4 Personen

Zutaten

200 g frische Kokosnuss, geraspelt

5 rote Paprika

1 1/2 Teelöffel Koriandersamen

1,5 Teelöffel Mohn

1 Teelöffel Kreuzkümmelsamen

½ Teelöffel Kurkuma

6 Knoblauchzehen

120 ml raffiniertes Pflanzenöl

2 große Zwiebeln, fein gehackt

2 Tomaten, fein gehackt

250 g rosa Garnelen, geschält und vom Rand befreit

Salz nach Geschmack

Methode

- Kokosnuss, rote Chilischoten, Koriander, Mohn, Kreuzkümmel, Kurkuma und Knoblauch mit ausreichend Wasser zu einer glatten Paste vermahlen. Beiseite legen.

- Das Öl in einem Topf erhitzen. Die Zwiebeln bei schwacher Hitze goldbraun braten.

- Die rote Chilipaste zur gemahlenen Kokosnuss, den Tomaten, den Garnelen und dem Salz hinzufügen. Gut mischen. 15 Minuten kochen lassen, dabei gelegentlich umrühren. Heiß servieren.

Mit Datteln und Mandeln gefüllter Fisch

Für 4 Personen

Zutaten

4 Forellen, je 250 g, vertikal geschnitten

½ Teelöffel Chilipulver

1 Teelöffel Ingwerpaste

250 g frische, kernlose Datteln, blanchiert und fein gehackt

75 g Mandeln, geschält und fein gehackt

2-3 Esslöffel gedämpfter Reis (siehe Hier)

1 Teelöffel Zucker

¼ Teelöffel gemahlener Zimt

½ Teelöffel gemahlener schwarzer Pfeffer

Salz nach Geschmack

1 große Zwiebel, in dünne Scheiben geschnitten

Methode

- Den Fisch 1 Stunde lang mit Chilipulver und Ingwerpaste marinieren.

- Datteln, Mandeln, Reis, Zucker, Zimt, Pfeffer und Salz vermischen. Kneten, bis ein weicher Teig entsteht. Beiseite legen.

- Füllen Sie die Schlitze im marinierten Fisch mit der Dattel- und Mandelpaste. Legen Sie den gefüllten Fisch auf ein Blatt Folie und bestreuen Sie ihn mit der Zwiebel.

- Den Fisch und die Zwiebel in Frischhaltefolie einwickeln und die Ränder gut verschließen.

- Im Ofen bei 200 °C, Gasstufe 6, 15–20 Minuten backen. Wickeln Sie die Folie ab und kochen Sie den Fisch weitere 5 Minuten. Heiß servieren.

Tandoori-Fisch

Für 4 Personen

Zutaten

1 Teelöffel Ingwerpaste

1 Teelöffel Knoblauchpaste

½ Teelöffel Garam Masala

1 Teelöffel Chilipulver

1 Esslöffel Zitronensaft

Salz nach Geschmack

500 g Seeteufelschwanzfilets

1 Esslöffel Chaat Masala*

Methode

- Ingwerpaste, Knoblauchpaste, Garam Masala, Chilipulver, Zitronensaft und Salz vermischen.

- Schneiden Sie den Fisch ein. Mit der Ingwer-Knoblauch-Mischung 2 Stunden marinieren.

- Den Fisch 15 Minuten grillen. Mit Chaat Masala bestreuen. Heiß servieren.

Fisch mit Gemüse

Für 4 Personen

Zutaten

750 g Lachsfilets, ohne Haut

½ Teelöffel Kurkuma

Salz nach Geschmack

2 Esslöffel Senföl

Teelöffel Senfkörner

Teelöffel Fenchelsamen

Teelöffel Zwiebelsamen

Teelöffel Bockshornkleesamen

Teelöffel Kreuzkümmelsamen

2 Lorbeerblätter

2 getrocknete rote Paprika, halbiert

1 große Zwiebel, in dünne Scheiben geschnitten

2 große grüne Chilischoten, der Länge nach geschnitten

½ Teelöffel Zucker

125g Erbsen aus der Dose

1 große Kartoffel, in Streifen geschnitten

2-3 kleine Auberginen, in Julienne-Streifen geschnitten

250 ml/8 Flüssigunzen Wasser

Methode

- Den Fisch 30 Minuten mit Kurkuma und Salz marinieren.

- Das Öl in einem Topf erhitzen. Den marinierten Fisch dazugeben und bei mittlerer Hitze 4–5 Minuten braten, dabei gelegentlich umrühren. Abgießen und aufbewahren.

- Zum gleichen Öl Senf, Fenchel, Zwiebel, Bockshornklee und Kreuzkümmel hinzufügen. Lassen Sie sie 15 Sekunden lang spucken.

- Lorbeerblätter und rote Paprika hinzufügen. 30 Sekunden braten.

- Zwiebeln und grüne Chilis hinzufügen. Bei mittlerer Hitze anbraten, bis die Zwiebel goldbraun ist.

- Zucker, Erbsen, Kartoffeln und Auberginen hinzufügen. Gut mischen. Die Mischung 7-8 Minuten lang anbraten.

- Den gebratenen Fisch und das Wasser hinzufügen. Gut mischen. Mit einem Deckel abdecken und 12–15 Minuten kochen lassen, dabei gelegentlich umrühren.

- Heiß servieren.

Tandoor Gulnar

(Forelle im Tandoor gekocht)

Für 4 Personen

Zutaten

4 Forellen, je 250 g

Butter zum Begießen

Für die erste Marinade:

120 ml Malzessig

2 Esslöffel Zitronensaft

2 Teelöffel Knoblauchpaste

½ Teelöffel Chilipulver

Salz nach Geschmack

Für die zweite Marinade:

Joghurt 400g/14oz

1 Ei

1 Teelöffel Knoblauchpaste

2 Teelöffel Ingwerpaste

120 ml frische flüssige Sahne

180g Besan*

Garnelen mit grünem Masala

Für 4 Personen

Zutaten

1 cm Ingwerwurzel

8 Knoblauchzehen

3 grüne Chilischoten, der Länge nach geschnitten

50 g gehackte Korianderblätter

1 1/2 Esslöffel raffiniertes Pflanzenöl

2 große Zwiebeln, fein gehackt

2 Tomaten, fein gehackt

500 g große Garnelen, geschält und enthaart

1 Teelöffel Tamarindenpaste

Salz nach Geschmack

½ Teelöffel Kurkuma

Methode

- Mahlen Sie Ingwer, Knoblauch, Chilis und Korianderblätter zusammen. Beiseite legen.
- Das Öl in einem Topf erhitzen. Die Zwiebeln bei schwacher Hitze goldbraun braten.
- Fügen Sie die Ingwer-Knoblauch-Paste und die Tomaten hinzu. 4-5 Minuten braten.
- Garnelen, Tamarindenpaste, Salz und Kurkuma hinzufügen. Gut mischen. 15 Minuten kochen lassen, dabei gelegentlich umrühren. Heiß servieren.

Fischkotelett

Für 4 Personen

Zutaten

2 Eier

1 Esslöffel Weißmehl

Salz nach Geschmack

400 g John Dory-Fisch, ohne Haut und filetiert

500 ml/16 Flüssigunzen Wasser

2 große Kartoffeln, gekocht und püriert

1,5 Teelöffel Garam Masala

1 große Zwiebel, gerieben

1 Teelöffel Ingwerpaste

Raffiniertes Pflanzenöl zum Braten

200 g Semmelbrösel

Methode

- Die Eier mit Mehl und Salz verquirlen. Beiseite legen.
- Den Fisch in Salzwasser in einem Topf bei mittlerer Hitze 15–20 Minuten kochen. Abtropfen lassen und mit den Kartoffeln, Garam Masala, Zwiebeln, Ingwerpaste und Salz vermischen, bis ein weicher Teig entsteht.
- In 16 Portionen teilen, zu Kugeln formen und leicht flach drücken, sodass Schnitzel entstehen.
- Das Öl in einer Pfanne erhitzen. Tauchen Sie die Schnitzel in das verquirlte Ei, panieren Sie sie in Paniermehl und braten Sie sie bei schwacher Hitze goldbraun. Heiß servieren.

Parsi Fish Sas

(Fisch in weißer Soße gekocht)

Für 4 Personen

Zutaten

1 Esslöffel Reismehl

1 Esslöffel Zucker

60 ml Malzessig

2 Esslöffel raffiniertes Pflanzenöl

2 große Zwiebeln, in dünne Scheiben geschnitten

½ Teelöffel Ingwerpaste

½ Teelöffel Knoblauchpaste

1 Teelöffel gemahlener Kreuzkümmel

Salz nach Geschmack

250 ml/8 Flüssigunzen Wasser

8 Seezungenfilets

2 Eier, geschlagen

Methode

- Das Reismehl mit Zucker und Essig vermahlen, bis eine Paste entsteht. Beiseite legen.
- Das Öl in einem Topf erhitzen. Die Zwiebeln bei schwacher Hitze goldbraun braten.
- Ingwerpaste, Knoblauchpaste, gemahlenen Kreuzkümmel, Salz, Wasser und Fisch hinzufügen. Bei schwacher Hitze 25 Minuten kochen lassen, dabei gelegentlich umrühren.
- Die Mehlmischung hinzufügen und eine Minute kochen lassen.
- Die Eier vorsichtig hinzufügen. Eine Minute lang mischen. Garnieren und heiß servieren.

Peshawari Machhi

Für 4 Personen

Zutaten

3 Esslöffel raffiniertes Pflanzenöl

1 kg Lachs, in Steaks geschnitten

1 Zoll Ingwerwurzel, gerieben

8 zerdrückte Knoblauchzehen

2 große Zwiebeln, gehackt

3 Tomaten, blanchiert und gehackt

1 Teelöffel Garam Masala

Joghurt 400g/14oz

Teelöffel: Kurkuma

1 Teelöffel Amchoor*

Salz nach Geschmack

Methode

- Erhitze das Öl. Den Fisch bei schwacher Hitze goldbraun anbraten. Abgießen und aufbewahren.

- In dasselbe Öl Ingwer, Knoblauch und Zwiebeln geben. Bei schwacher Hitze 6 Minuten anbraten. Den gebratenen Fisch und alle anderen Zutaten hinzufügen. Gut mischen.
- 20 Minuten kochen und heiß servieren.

Krabbencurry

Für 4 Personen

Zutaten

4 mittelgroße Krabben, gereinigt (siehe <u>Kochtechniken</u>)

Salz nach Geschmack

1 Teelöffel Kurkuma

½ Kokosnuss, gerieben

6 Knoblauchzehen

4-5 rote Paprika

1 Esslöffel Koriandersamen

1 Esslöffel Kreuzkümmelsamen

1 Teelöffel Tamarindenpaste

3-4 grüne Chilischoten, der Länge nach geschnitten

1 Esslöffel raffiniertes Pflanzenöl

1 große Zwiebel, fein gehackt

Methode

- Die Krabben 30 Minuten mit Salz und Kurkuma marinieren.
- Alle anderen Zutaten außer Öl und Zwiebel mit ausreichend Wasser vermahlen, bis eine glatte Paste entsteht.
- Das Öl in einem Topf erhitzen. Die gemahlene Paste und die Zwiebel bei schwacher Hitze anbraten, bis die Zwiebel goldbraun wird. Etwas Wasser hinzufügen. Unter gelegentlichem Rühren 7–8 Minuten kochen lassen. Die marinierten Krabben hinzufügen. Gut vermischen und 5 Minuten köcheln lassen. Heiß servieren.

Fisch mit Senf

Für 4 Personen

Zutaten

8 Esslöffel Senföl

4 Forellen, je 250 g

2 Teelöffel gemahlener Kreuzkümmel

2 Teelöffel gemahlener Senf

1 Teelöffel gemahlener Koriander

½ Teelöffel Kurkuma

120 ml Wasser

Salz nach Geschmack

Methode

- Das Öl in einem Topf erhitzen. Den Fisch dazugeben und bei mittlerer Hitze 1 bis 2 Minuten braten. Den Fisch umdrehen und den Vorgang wiederholen. Abgießen und aufbewahren.
- Zum gleichen Öl den gemahlenen Kreuzkümmel, Senf und Koriander hinzufügen. Lassen Sie sie 15 Sekunden lang spucken.
- Kurkuma, Wasser, Salz und gebratenen Fisch hinzufügen. Gut vermischen und 10-12 Minuten köcheln lassen. Heiß servieren.

Minus Vattichathu

(Roter Fisch mit Gewürzen gekocht)

Für 4 Personen

Zutaten

600 g Schwertfisch, ohne Haut und filetiert

½ Teelöffel Kurkuma

Salz nach Geschmack

3 Esslöffel raffiniertes Pflanzenöl

½ Teelöffel Senfkörner

½ Teelöffel Bockshornkleesamen

8 Curryblätter

2 große Zwiebeln, in dünne Scheiben geschnitten

8 Knoblauchzehen, fein gehackt

5 cm/2 cm Ingwer, in dünne Scheiben geschnitten

6 Kokum*

Methode

- Den Fisch 2 Stunden lang mit Kurkuma und Salz marinieren.
- Das Öl in einem Topf erhitzen. Senf und Bockshornkleesamen hinzufügen. Lassen Sie sie 15 Sekunden lang spucken. Alle restlichen Zutaten und den marinierten Fisch hinzufügen. Bei schwacher Hitze 15 Minuten anbraten. Heiß servieren.

Doi Maach

(Fisch in Joghurt gekocht)

Für 4 Personen

Zutaten

4 Forellen geschält und filetiert

2 Esslöffel raffiniertes Pflanzenöl

2 Lorbeerblätter

1 große Zwiebel, fein gehackt

2 Teelöffel Zucker

Salz nach Geschmack

200 g Joghurt

Für die Marinade:

3 Nelken

5 cm großes Stück Zimt

3 grüne Kardamomkapseln

5 cm Ingwerwurzel

1 große Zwiebel, in dünne Scheiben geschnitten

1 Teelöffel Kurkuma

Salz nach Geschmack

Methode

- Alle Zutaten für die Marinade vermahlen. Den Fisch mit dieser Mischung 30 Minuten marinieren.
- Das Öl in einem Topf erhitzen. Lorbeerblätter und Zwiebel hinzufügen. Bei schwacher Hitze 3 Minuten anbraten. Zucker, Salz und marinierten Fisch hinzufügen. Gut mischen.
- 10 Minuten anbraten. Den Joghurt hinzufügen und 8 Minuten kochen lassen. Heiß servieren.

Gebratener Fisch

Für 4 Personen

Zutaten

6 Esslöffel Besan*

2 Teelöffel Garam Masala

1 Teelöffel Amchoor*

1 Teelöffel Ajowansamen

1 Teelöffel Ingwerpaste

1 Teelöffel Knoblauchpaste

Salz nach Geschmack

675 g Seeteufelschwanz, gehäutet und filetiert

Raffiniertes Pflanzenöl zum Braten

Methode

- Alle Zutaten außer Fisch und Öl mit so viel Wasser vermischen, dass eine dicke Paste entsteht. Den Fisch mit dieser Paste 4 Stunden lang marinieren.
- Das Öl in einer Pfanne erhitzen. Den Fisch dazugeben und bei mittlerer Hitze 4-5 Minuten braten. Wenden und nochmals 2-3 Minuten braten. Heiß servieren.

Chop Machher

Für 4 Personen

Zutaten

500 g Lachs, ohne Haut und filetiert

Salz nach Geschmack

500 ml/16 Flüssigunzen Wasser

250g Kartoffeln, gekocht und püriert

200 ml Senföl

2 große Zwiebeln, fein gehackt

½ Teelöffel Ingwerpaste

½ Teelöffel Knoblauchpaste

1,5 Teelöffel Garam Masala

1 geschlagenes Ei

200 g Semmelbrösel

Raffiniertes Pflanzenöl zum Braten

Methode

- Den Fisch mit Salz und Wasser in eine Pfanne geben. Bei mittlerer Hitze 15 Minuten kochen lassen. Abgießen und mit den Kartoffeln zerstampfen. Beiseite legen.

- Das Öl in einer Pfanne erhitzen. Die Zwiebeln dazugeben und bei mittlerer Hitze goldbraun anbraten. Die Fischmischung und alle anderen Zutaten außer Ei und Semmelbröseln hinzufügen. Gut vermischen und bei schwacher Hitze 10 Minuten kochen lassen.
- Abkühlen lassen und in zitronengroße Kugeln teilen. Flach drücken und zu Koteletts formen.
- Das Öl zum Braten in einer Pfanne erhitzen. Die Schnitzel in das Ei tauchen, in Semmelbröseln wälzen und bei mittlerer Hitze goldbraun braten. Heiß servieren.

Goa-Schwertfisch

(Schwertfisch nach goanischer Art zubereitet)

Für 4 Personen

Zutaten

50 g frische Kokosnuss, gerieben

1 Teelöffel Koriandersamen

1 Teelöffel Kreuzkümmelsamen

1 Teelöffel Mohn

4 Knoblauchzehen

1 Esslöffel Tamarindenpaste

250 ml/8 Flüssigunzen Wasser

Raffiniertes Pflanzenöl zum Braten

1 große Zwiebel, fein gehackt

1 Esslöffel Kokum*

Salz nach Geschmack

½ Teelöffel Kurkuma

4 Schwertfischsteaks

Methode

- Kokosnuss, Koriandersamen, Kreuzkümmel, Mohn, Knoblauch und Tamarindenpaste mit ausreichend Wasser vermahlen, bis eine glatte Paste entsteht. Beiseite legen.
- Das Öl in einem Topf erhitzen. Die Zwiebel hinzufügen und bei mittlerer Hitze goldbraun braten.
- Die gemahlene Paste dazugeben und 2 Minuten braten. Die restlichen Zutaten hinzufügen. Gut vermischen und 15 Minuten köcheln lassen. Heiß servieren.

Trockenfisch-Masala

Für 4 Personen

Zutaten

6 Lachsfilets

¼ frische Kokosnuss, gerieben

7 rote Paprika

1 Esslöffel Kurkuma

Salz nach Geschmack

Methode

- Die Fischfilets 20 Minuten grillen. Beiseite legen.
- Mahlen Sie die restlichen Zutaten zu einer glatten Paste.
- Mit Fisch mischen. Die Mischung in einem Topf bei schwacher Hitze 15 Minuten kochen lassen. Heiß servieren.

Madras-Garnelen-Curry

Für 4 Personen

Zutaten

3 Esslöffel raffiniertes Pflanzenöl

3 große Zwiebeln, fein gehackt

12 Knoblauchzehen, gehackt

3 Tomaten, blanchiert und gehackt

½ Teelöffel Kurkuma

Salz nach Geschmack

1 Teelöffel Chilipulver

2 Esslöffel Tamarindenpaste

750 g mittelgroße Garnelen, geschält und von den Rändern befreit

4 Esslöffel Kokosmilch

Methode

- Das Öl in einem Topf erhitzen. Zwiebel und Knoblauch dazugeben und bei mittlerer Hitze eine Minute anbraten. Tomaten, Kurkuma, Salz, Chilipulver, Tamarindenpaste und Garnelen hinzufügen. Gut vermischen und 7-8 Minuten braten.
- Die Kokosmilch hinzufügen. 10 Minuten kochen lassen und heiß servieren.

Fisch mit Bockshornklee

Für 4 Personen

Zutaten

8 Esslöffel raffiniertes Pflanzenöl

500g Lachs, filetiert

1 Esslöffel Knoblauchpaste

75 g frische Bockshornkleeblätter, fein gehackt

4 Tomaten, fein gehackt

2 Teelöffel gemahlener Koriander

1 Teelöffel gemahlener Kreuzkümmel

1 Teelöffel Zitronensaft

Salz nach Geschmack

1 Teelöffel Kurkuma

75 g/2½ Unzen heißes Wasser

Methode

- 4 Esslöffel Öl in einer Pfanne erhitzen. Den Fisch dazugeben und bei mittlerer Hitze von beiden Seiten goldbraun braten. Abgießen und aufbewahren.
- 4 Esslöffel Öl in einem Topf erhitzen. Fügen Sie die Knoblauchpaste hinzu. Bei schwacher Hitze eine Minute braten. Die restlichen Zutaten außer dem Wasser hinzufügen. 4–5 Minuten anbraten.
- Wasser und gebratenen Fisch hinzufügen. Gut mischen. Mit einem Deckel abdecken und 10–15 Minuten kochen lassen, dabei gelegentlich umrühren. Heiß servieren.

Karimeen Porichathu

(Fischfilet Masala)

Für 4 Personen

Zutaten

1 Teelöffel Chilipulver

1 Esslöffel gemahlener Koriander

1 Teelöffel Kurkuma

1 Teelöffel Ingwerpaste

2 grüne Chilischoten, fein gehackt

Saft von 1 Zitrone

8 Curryblätter

Salz nach Geschmack

8 Lachsfilets

Raffiniertes Pflanzenöl zum Braten

Methode
- Alle Zutaten außer Fisch und Öl vermischen.
- Den Fisch mit dieser Mischung marinieren und 2 Stunden im Kühlschrank lagern.
- Das Öl in einer Pfanne erhitzen. Die Fischstücke dazugeben und bei mittlerer Hitze goldbraun braten.
- Heiß servieren.

Riesengarnelen

Für 4 Personen

Zutaten

500 g große Garnelen, geschält und enthaart

1 Teelöffel Kurkuma

½ Teelöffel Chilipulver

Salz nach Geschmack

3 Esslöffel raffiniertes Pflanzenöl

1 große Zwiebel, fein gehackt

1 cm Ingwerwurzel, fein gehackt

10 Knoblauchzehen, fein gehackt

2-3 grüne Chilischoten, der Länge nach geschnitten

½ Teelöffel Zucker

250 ml Kokosmilch

1 Esslöffel Korianderblätter, fein gehackt

Methode

- Die Garnelen 1 Stunde lang mit Kurkuma, Chilipulver und Salz marinieren.
- Das Öl in einem Topf erhitzen. Zwiebel, Ingwer, Knoblauch und grüne Chilis hinzufügen und bei mittlerer Hitze 2-3 Minuten braten.
- Zucker, Salz und marinierte Garnelen hinzufügen. Gut vermischen und 10 Minuten braten. Die Kokosmilch hinzufügen. 15 Minuten köcheln lassen.
- Mit Korianderblättern dekorieren und heiß servieren.

Marinierter Fisch

Für 4 Personen

Zutaten

Raffiniertes Pflanzenöl zum Braten

1 kg Schwertfisch, ohne Haut und filetiert

1 Teelöffel Kurkuma

12 getrocknete rote Paprika

1 Esslöffel Kreuzkümmelsamen

5 cm Ingwerwurzel

15 Knoblauchzehen

250 ml Malzessig

Salz nach Geschmack

Methode

- Das Öl in einer Pfanne erhitzen. Den Fisch dazugeben und bei mittlerer Hitze 2-3 Minuten braten. Wenden und 1-2 Minuten braten. Beiseite legen.
- Mahlen Sie die restlichen Zutaten zu einer glatten Paste.
- Den Teig in einem Topf bei schwacher Hitze 10 Minuten kochen lassen. Den Fisch hinzufügen, 3-4

Minuten kochen, dann abkühlen lassen und in einem Glas im Kühlschrank bis zu 1 Woche aufbewahren.

Fischbällchen-Curry

Für 4 Personen

Zutaten

500 g Lachs, ohne Haut und filetiert

Salz nach Geschmack

750 ml/1¼ Pint Wasser

1 große Zwiebel

3 Teelöffel Garam Masala

½ Teelöffel Kurkuma

3 Esslöffel raffiniertes Pflanzenöl und etwas mehr zum Braten

5 cm/2 cm Ingwerwurzel, gerieben

5 Knoblauchzehen, zerdrückt

250g Tomaten, blanchiert und in Würfel geschnitten

2 Esslöffel Joghurt, geschlagen

Methode

- Den Fisch mit etwas Salz und 500 ml Wasser bei mittlerer Hitze 20 Minuten garen. Abtropfen lassen und mit der Zwiebel, Salz, 1 Teelöffel Garam Masala und Kurkuma glatt rühren. In 12 Kugeln teilen.
- Öl zum Braten erhitzen. Die Kugeln dazugeben und bei mittlerer Hitze goldbraun braten. Abgießen und aufbewahren.
- 3 Esslöffel Öl in einem Topf erhitzen. Alle anderen Zutaten, restliches Wasser und Fischbällchen hinzufügen. 10 Minuten kochen lassen und heiß servieren.

Amritsari-Fisch

(Scharf-scharfer Fisch)

Für 4 Personen

Zutaten

200 g Joghurt

½ Teelöffel Ingwerpaste

½ Teelöffel Knoblauchpaste

Saft von 1 Zitrone

½ Teelöffel Garam Masala

Salz nach Geschmack

675 g Seeteufelschwanz, gehäutet und filetiert

Methode

- Alle Zutaten außer dem Fisch vermischen. Den Fisch mit dieser Mischung 1 Stunde lang marinieren.
- Den marinierten Fisch 7–8 Minuten grillen. Heiß servieren.

Gebratene Garnelen Masala

Für 4 Personen

Zutaten

4 Knoblauchzehen

5 cm Ingwer

2 Esslöffel frische Kokosnuss, gerieben

2 getrocknete rote Paprika

1 Esslöffel Koriandersamen

1 Teelöffel Kurkuma

Salz nach Geschmack

120 ml Wasser

750 g 10 oz Garnelen, geschält und enthaart

3 Esslöffel raffiniertes Pflanzenöl

3 große Zwiebeln, fein gehackt

2 Tomaten, fein gehackt

2 Esslöffel gehackte Korianderblätter

1 Teelöffel Garam Masala

Methode

- Knoblauch, Ingwer, Kokosnuss, rote Chilis, Koriandersamen, Kurkuma und Salz mit ausreichend Wasser vermahlen, um eine glatte Paste zu bilden.
- Marinieren Sie die Garnelen eine Stunde lang mit dieser Paste.
- Das Öl in einem Topf erhitzen. Die Zwiebeln dazugeben und bei mittlerer Hitze glasig dünsten.
- Tomaten und marinierte Garnelen hinzufügen. Gut mischen. Das Wasser hinzufügen, einen Deckel auflegen und 20 Minuten kochen lassen.
- Mit Korianderblättern und Garam Masala dekorieren. Heiß servieren.

Fisch mit Bohnenkraut garniert

Für 4 Personen

Zutaten

2 Esslöffel Zitronensaft

Salz nach Geschmack

Gemahlener schwarzer Pfeffer nach Geschmack

4 Schwertfischsteaks

2 Esslöffel Butter

1 große Zwiebel, fein gehackt

1 grüne Paprika, entkernt und gehackt

3 Tomaten geschält und in Stücke geschnitten

50 g Semmelbrösel

85 g Cheddar-Käse, gerieben

Methode

- Den Fisch mit Zitronensaft, Salz und Pfeffer beträufeln. Beiseite legen.
- Die Butter in einem Topf erhitzen. Fügen Sie die Zwiebel und den grünen Pfeffer hinzu. Bei mittlerer Hitze 2-3 Minuten braten. Kirschtomaten, Semmelbrösel und Käse hinzufügen. 4-5 Minuten braten.
- Verteilen Sie diese Mischung gleichmäßig auf dem Fisch. In Folie einwickeln und 30 Minuten bei 200 °C (400 °F, Gasstufe 6) backen. Heiß servieren.

Pasanda-Garnelen

(Garnelen gekocht mit Joghurt und Essig)

Für 4 Personen

Zutaten

250 g rosa Garnelen, geschält und vom Rand befreit

Salz nach Geschmack

1 Teelöffel gemahlener schwarzer Pfeffer

2 Teelöffel Malzessig

2 Teelöffel raffiniertes Pflanzenöl

1 Esslöffel Knoblauchpaste

2 große Zwiebeln, fein gehackt

2 Tomaten, fein gehackt

2 Frühlingszwiebeln, fein gehackt

1 Teelöffel Garam Masala

250 ml/8 Flüssigunzen Wasser

4 Esslöffel griechischer Joghurt

Methode

- Die Garnelen 30 Minuten mit Salz, Pfeffer und Essig marinieren.
- Die Garnelen 5 Minuten grillen. Beiseite legen.
- Das Öl in einem Topf erhitzen. Knoblauchpaste und Zwiebeln hinzufügen. Bei mittlerer Hitze eine Minute kochen lassen. Tomaten, Frühlingszwiebeln und Garam Masala hinzufügen. 4 Minuten anbraten. Die gegrillten Garnelen und das Wasser hinzufügen. Bei schwacher Hitze 15 Minuten kochen lassen. Den Joghurt hinzufügen. 5 Minuten lang mischen. Heiß servieren.

Schwertfisch-Rechaido

(Schwertfisch gekocht in Goa-Sauce)

Für 4 Personen

Zutaten

4 rote Paprika

6 Knoblauchzehen

2,5 cm Ingwerwurzel

½ Teelöffel Kurkuma

1 große Zwiebel

1 Teelöffel Tamarindenpaste

1 Teelöffel Kreuzkümmelsamen

1 Esslöffel Zucker

Salz nach Geschmack

120 ml Malzessig

1 kg Schwertfisch, gereinigt

Raffiniertes Pflanzenöl zum Braten

Methode
- Alle Zutaten bis auf den Fisch und das Öl vermahlen.
- Schneiden Sie den Schwertfisch ein und marinieren Sie ihn mit der gemahlenen Mischung, indem Sie reichlich Mischung in die Einschnitte geben. Buchen Sie 1 Stunde.
- Das Öl in einer Pfanne erhitzen. Den marinierten Fisch dazugeben und bei schwacher Hitze 2-3 Minuten braten. Zurückkehren und wiederholen. Heiß servieren.

Teekha Jhinga

(Pikante Garnelen)

Für 4 Personen

Zutaten

4 Esslöffel raffiniertes Pflanzenöl

1 Teelöffel Fenchelsamen

2 große Zwiebeln, fein gehackt

2 Teelöffel Ingwerpaste

2 Teelöffel Knoblauchpaste

Salz nach Geschmack

½ Teelöffel Kurkuma

3 Esslöffel Garam Masala

25 g/kleine Kokosraspeln 1 oz

60 ml Wasser

1 Esslöffel Zitronensaft

500 g rosa Garnelen, geschält und vom Rand befreit

Methode

- Das Öl in einem Topf erhitzen. Die Fenchelsamen hinzufügen. Lassen Sie sie 15 Sekunden lang spucken. Zwiebeln, Ingwerpaste und Knoblauchpaste hinzufügen. Bei mittlerer Hitze eine Minute kochen lassen.
- Die restlichen Zutaten außer den Garnelen hinzufügen. 7 Minuten anbraten.
- Die Garnelen dazugeben und 15 Minuten kochen lassen, dabei häufig umrühren. Heiß servieren.

Garnelen-Balchow

(Garnelen nach goanischer Art zubereitet)

Für 4 Personen

Zutaten

750 g 10 oz Garnelen, geschält und enthaart

250 ml Malzessig

8 Knoblauchzehen

2 große Zwiebeln, fein gehackt

1 Esslöffel gemahlener Kreuzkümmel

Teelöffel: Kurkuma

Salz nach Geschmack

120 ml raffiniertes Pflanzenöl

50 g gehackte Korianderblätter

Methode

- Die Garnelen mit 4 EL Essig 2 Stunden lang marinieren.
- Den restlichen Essig mit Knoblauch, Zwiebeln, gemahlenem Kreuzkümmel, Kurkuma und Salz vermahlen, bis eine glatte Paste entsteht. Beiseite legen.
- Das Öl in einem Topf erhitzen. Die Garnelen bei schwacher Hitze 12 Minuten anbraten.
- Fügen Sie die Nudeln hinzu. Gut vermischen und bei schwacher Hitze 15 Minuten kochen lassen.
- Mit Korianderblättern dekorieren. Heiß servieren.

Garnelen-Bhujna

(getrocknete Garnelen mit Kokosnuss und Zwiebeln)

Für 4 Personen

Zutaten

50 g frische Kokosnuss, gerieben

2 große Zwiebeln

6 rote Paprika

5 cm/2 cm Ingwerwurzel, gerieben

1 Teelöffel Knoblauchpaste

4 Esslöffel raffiniertes Pflanzenöl

5 getrocknete Kokum*

Teelöffel: Kurkuma

750 g 10 oz Garnelen, geschält und enthaart

250 ml/8 Flüssigunzen Wasser

Salz nach Geschmack

Methode

- Kokosnuss, Zwiebeln, rote Chilis, Ingwer und Knoblauchpaste vermahlen.
- Das Öl in einem Topf erhitzen. Fügen Sie die Paste mit Kokum und Kurkuma hinzu. Bei schwacher Hitze 5 Minuten anbraten.
- Garnelen, Wasser und Salz hinzufügen. 20 Minuten köcheln lassen, dabei häufig umrühren. Heiß servieren.

Gendi Macher Malai

(Kokosgarnelen)

Für 4 Personen

Zutaten

2 große Zwiebeln, gerieben

2 Esslöffel Ingwerpaste

100 g frische Kokosnuss, gerieben

4 Esslöffel raffiniertes Pflanzenöl

500 g rosa Garnelen, geschält und vom Rand befreit

1 Teelöffel Kurkuma

1 Teelöffel gemahlener Kreuzkümmel

4 Tomaten, fein gehackt

1 Teelöffel Zucker

1 Teelöffel Ghee

2 Nelken

2,5 cm/1 Zimt

2 grüne Kardamomkapseln

3 Lorbeerblätter

Salz nach Geschmack

4 große Kartoffeln, in Würfel geschnitten und gebraten

250 ml/8 Flüssigunzen Wasser

Methode

- Zwiebeln, Ingwerpaste und Kokosnuss zu einer glatten Paste zermahlen. Beiseite legen.
- Das Öl in einer Pfanne erhitzen. Die Garnelen dazugeben und bei mittlerer Hitze 5 Minuten anbraten. Abgießen und aufbewahren.
- Zum gleichen Öl die gemahlene Paste und alle restlichen Zutaten außer Wasser hinzufügen. 6–7 Minuten anbraten. Die gebratenen Garnelen und das Wasser hinzufügen. Gut vermischen und 10 Minuten köcheln lassen. Heiß servieren.

Bata Fish entstand

(Fisch in Senfpaste)

Für 4 Personen

Zutaten

4 Esslöffel Senfkörner

7 grüne Chilischoten

2 Esslöffel Wasser

½ Teelöffel Kurkuma

5 Esslöffel Senföl

Salz nach Geschmack

1 kg Seezunge, geschält und filetiert

Methode

- Alle Zutaten, bis auf den Fisch, mit ausreichend Wasser vermahlen, bis eine glatte Paste entsteht. Den Fisch mit dieser Mischung 1 Stunde lang marinieren.
- 25 Minuten dampfgaren. Heiß servieren.

Fischeintopf

Für 4 Personen

Zutaten

1 Esslöffel raffiniertes Pflanzenöl

2 Nelken

2,5 cm/1 Zimt

3 Lorbeerblätter

5 Körner schwarzer Pfeffer

1 Teelöffel Knoblauchpaste

1 Teelöffel Ingwerpaste

2 große Zwiebeln, fein gehackt

400 g gefrorenes gemischtes Gemüse

Salz nach Geschmack

250 ml warmes Wasser

500 g Seeteufelfilets

1 Esslöffel Weißmehl, aufgelöst in 60 ml Milch

Methode

- Das Öl in einem Topf erhitzen. Nelken, Zimt, Lorbeerblätter und Pfefferkörner hinzufügen. Lassen Sie sie 15 Sekunden lang spucken. Knoblauchpaste, Ingwerpaste und Zwiebeln hinzufügen. Bei mittlerer Hitze 2-3 Minuten braten.
- Gemüse, Salz und Wasser hinzufügen. Gut vermischen und 10 Minuten köcheln lassen.
- Fügen Sie vorsichtig die Fisch-Mehl-Mischung hinzu. Gut mischen. Bei mittlerer Hitze 10 Minuten kochen lassen. Heiß servieren.

Jhinga Nissa

(Garnelen mit Joghurt)

Für 4 Personen

Zutaten

1 Esslöffel Zitronensaft

1 Teelöffel Ingwerpaste

1 Teelöffel Knoblauchpaste

1 Teelöffel Sesamkörner

200 g Joghurt

2 grüne Chilischoten, fein gehackt

½ Teelöffel getrocknete Bockshornkleeblätter

½ Teelöffel gemahlene Nelken

½ Teelöffel gemahlener Zimt

½ Teelöffel gemahlener schwarzer Pfeffer

Salz nach Geschmack

12 große Garnelen, geschält und enthaart

Methode

- Alle Zutaten außer den Garnelen vermischen. Marinieren Sie die Garnelen eine Stunde lang mit dieser Mischung.
- Die marinierten Garnelen auf Spieße stecken und 15 Minuten grillen. Heiß servieren.

Tintenfisch Vindaloo

(Tintenfisch gekocht in scharfer Goa-Sauce)

Für 4 Personen

Zutaten

8 Esslöffel Malzessig

8 rote Paprika

3,5 cm/1½ Zoll Ingwerwurzel

20 Knoblauchzehen

1 Teelöffel Senfkörner

1 Teelöffel Kreuzkümmelsamen

1 Teelöffel Kurkuma

Salz nach Geschmack

6 Esslöffel raffiniertes Pflanzenöl

3 große Zwiebeln, fein gehackt

500 g 2 Unzen Calamari, in Scheiben geschnitten

Methode

- Die Hälfte des Essigs mit roten Chilis, Ingwer, Knoblauch, Senfkörnern, Kreuzkümmelsamen, Kurkuma und Salz zu einer glatten Paste vermahlen. Beiseite legen.
- Das Öl in einem Topf erhitzen. Die Zwiebeln bei schwacher Hitze goldbraun braten.
- Die gemahlene Paste hinzufügen. Gut vermischen und 5-6 Minuten braten.
- Die Calamari und den restlichen Essig hinzufügen. Bei schwacher Hitze 15–20 Minuten kochen lassen, dabei gelegentlich umrühren. Heiß servieren.

Hummer-Balchow

(Scharfe Hummer gekocht in Goa-Curry)

Für 4 Personen

Zutaten

400 g Hummerfleisch, gehackt

Salz nach Geschmack

½ Teelöffel Kurkuma

60 ml Malzessig

1 Teelöffel Zucker

120 ml raffiniertes Pflanzenöl

2 große Zwiebeln, fein gehackt

12 Knoblauchzehen, fein gehackt

1 Teelöffel Garam Masala

1 Esslöffel gehackte Korianderblätter

Methode

- Den Hummer 1 Stunde lang mit Salz, Kurkuma, Essig und Zucker marinieren.
- Das Öl in einem Topf erhitzen. Zwiebeln und Knoblauch hinzufügen. Bei schwacher Hitze 2-3 Minuten braten. Den marinierten Hummer und Garam Masala hinzufügen. Bei schwacher Hitze 15 Minuten kochen lassen, dabei gelegentlich umrühren.
- Mit Korianderblättern dekorieren. Heiß servieren.

Garnelen mit Auberginen

Für 4 Personen

Zutaten

4 Esslöffel raffiniertes Pflanzenöl

6 schwarze Pfefferkörner

3 grüne Chilischoten

4 Nelken

6 Knoblauchzehen

1 cm Ingwerwurzel

2 Esslöffel gehackte Korianderblätter

1 1/2 Esslöffel Kokosraspeln

2 große Zwiebeln, fein gehackt

500 g Auberginen, gehackt

250 g rosa Garnelen, geschält und vom Rand befreit

½ Teelöffel Kurkuma

1 Teelöffel Tamarindenpaste

Salz nach Geschmack

10 Cashewnüsse

120 ml Wasser

Methode

- 1 Esslöffel Öl in einem Topf erhitzen. Pfefferkörner, grüne Chilis, Nelken, Knoblauch, Ingwer, Korianderblätter und Kokosnuss bei mittlerer Hitze 2–3 Minuten zugeben. Mahlen Sie die Mischung zu einer glatten Paste. Beiseite legen.
- Restliches Öl in einem Topf erhitzen. Die Zwiebeln dazugeben und bei mittlerer Hitze eine Minute anbraten. Auberginen, Garnelen und Kurkuma hinzufügen. 5 Minuten anbraten.
- Fügen Sie die gemahlene Paste und alle restlichen Zutaten hinzu. Gut vermischen und 10-15 Minuten köcheln lassen. Heiß servieren.

Grüne Garnelen

Für 4 Personen

Zutaten

Saft von 1 Zitrone

50 g Minzblätter

50 g Korianderblätter

4 grüne Chilischoten

2,5 cm Ingwerwurzel

8 Knoblauchzehen

Eine Prise Garam Masala

Salz nach Geschmack

20 mittelgroße Garnelen, geschält und am Rand beschnitten

Methode

- Alle Zutaten bis auf die Garnelen vermahlen, bis eine glatte Paste entsteht. Marinieren Sie die Garnelen 1 Stunde lang mit dieser Mischung.
- Die Garnelen einfädeln. 10 Minuten grillen, dabei gelegentlich wenden. Heiß servieren.

Fisch mit Koriander

Für 4 Personen

Zutaten

3 Esslöffel raffiniertes Pflanzenöl

1 große Zwiebel, fein gehackt

4 grüne Chilischoten, fein gehackt

1 Esslöffel Ingwerpaste

1 Esslöffel Knoblauchpaste

1 Teelöffel Kurkuma

Salz nach Geschmack

100 g Korianderblätter, gehackt

1 kg Lachs, ohne Haut und filetiert

250 ml/8 Flüssigunzen Wasser

Methode

- Das Öl in einem Topf erhitzen. Die Zwiebel bei schwacher Hitze goldbraun braten.
- Alle restlichen Zutaten außer Fisch und Wasser hinzufügen. 3-4 Minuten braten. Den Fisch dazugeben und 3–4 Minuten anbraten.
- Fügen Sie das Wasser hinzu. Gut vermischen und 10-12 Minuten köcheln lassen. Heiß servieren.

Malaiischer Fisch

(Fisch in Sahnesauce gekocht)

Für 4 Personen

Zutaten

250 ml raffiniertes Pflanzenöl

Wolfsbarschfilets 1 kg

1 Esslöffel Weißmehl

1 große Zwiebel, gerieben

½ Teelöffel Kurkuma

250 ml Kokosmilch

Salz nach Geschmack

Für die Gewürzmischung:

1 Teelöffel Koriandersamen

1 Teelöffel Kreuzkümmelsamen

4 grüne Chilischoten

6 Knoblauchzehen

6 Esslöffel Wasser

Methode

- Die Zutaten der Gewürzmischung vermahlen. Drücken Sie die Mischung aus, um den Saft in eine kleine Schüssel zu extrahieren. Den Saft beiseite stellen. Entsorgen Sie die Schote.
- Das Öl in einer Pfanne erhitzen. Den Fisch mit Mehl bestäuben und bei mittlerer Hitze goldbraun braten. Abgießen und aufbewahren.
- Die Zwiebel in das gleiche Öl geben und bei mittlerer Hitze goldbraun braten.
- Den Saft der Gewürzmischung und alle restlichen Zutaten hinzufügen. Gut mischen.
- 10 Minuten köcheln lassen. Den Fisch hinzufügen und 5 Minuten kochen lassen. Heiß servieren.

Konkani-Fischcurry

Für 4 Personen

Zutaten

1 kg Lachs, ohne Haut und filetiert

Salz nach Geschmack

1 Teelöffel Kurkuma

1 Teelöffel Chilipulver

2 Esslöffel raffiniertes Pflanzenöl

1 große Zwiebel, fein gehackt

½ Teelöffel Ingwerpaste

750 ml/1¼ Pints Kokosmilch

3 grüne Chilischoten, der Länge nach geschnitten

Methode

- Den Fisch 30 Minuten mit Salz, Kurkuma und Chilipulver marinieren.
- Das Öl in einem Topf erhitzen. Fügen Sie die Zwiebel-Ingwer-Paste hinzu. Bei mittlerer Hitze anbraten, bis die Zwiebeln glasig werden.
- Kokosmilch, grüne Chilis und marinierten Fisch hinzufügen. Gut mischen. 15 Minuten köcheln lassen. Heiß servieren.

Würzige Knoblauchgarnelen

Für 4 Personen

Zutaten

4 Esslöffel raffiniertes Pflanzenöl

2 große Zwiebeln, fein gehackt

1 Esslöffel Knoblauchpaste

12 Knoblauchzehen, gehackt

1 Teelöffel Chilipulver

1 Teelöffel gemahlener Koriander

½ Teelöffel gemahlener Kreuzkümmel

2 Tomaten, fein gehackt

Salz nach Geschmack

1 Teelöffel Kurkuma

750 g 10 oz Garnelen, geschält und enthaart

250 ml/8 Flüssigunzen Wasser

Methode

- Das Öl in einem Topf erhitzen. Zwiebeln, Knoblauchpaste und gehackten Knoblauch hinzufügen. Bei mittlerer Hitze anbraten, bis die Zwiebeln glasig werden.
- Die restlichen Zutaten außer den Garnelen und dem Wasser hinzufügen. 3-4 Minuten braten. Die Garnelen dazugeben und 3-4 Minuten braten.
- Fügen Sie das Wasser hinzu. Gut vermischen und 12-15 Minuten köcheln lassen. Heiß servieren.

Einfaches Fischcurry

Für 4 Personen

Zutaten

2 große Zwiebeln, in Viertel geschnitten

3 Nelken

2,5 cm/1 Zimt

4 schwarze Pfefferkörner

2 Teelöffel Koriandersamen

1 Teelöffel Kreuzkümmelsamen

1 Tomate, geviertelt

Salz nach Geschmack

2 Esslöffel raffiniertes Pflanzenöl

750 g/1 Pfund 10 Unzen Lachs, ohne Haut und filetiert

250 ml/8 Flüssigunzen Wasser

Methode

- Alle Zutaten außer Öl, Fisch und Wasser vermahlen. Das Öl in einem Topf erhitzen. Die Nudeln dazugeben und bei schwacher Hitze 7 Minuten braten.
- Den Fisch und das Wasser hinzufügen. 25 Minuten kochen lassen, dabei häufig umrühren. Heiß servieren.

Fischcurry aus Goa

Für 4 Personen

Zutaten

100 g frische Kokosnuss, gerieben

4 getrocknete rote Paprika

1 Teelöffel Kreuzkümmelsamen

1 Teelöffel Koriandersamen

360 ml/12 Flüssigunzen Wasser

3 Esslöffel raffiniertes Pflanzenöl

1 große Zwiebel, gerieben

1 Teelöffel Kurkuma

8 Curryblätter

2 Tomaten, blanchiert und gehackt

2 grüne Chilischoten, der Länge nach geschnitten

1 Esslöffel Tamarindenpaste

Salz nach Geschmack

1 kg Lachs, in Scheiben geschnitten

Methode

- Kokosnuss, rote Chilis, Kreuzkümmel und Koriandersamen mit 4 Esslöffeln Wasser zu einer dicken Paste vermahlen. Beiseite legen.
- Das Öl in einem Topf erhitzen. Die Zwiebel bei schwacher Hitze anbraten, bis sie glasig ist.
- Fügen Sie die Kokosnusspaste hinzu. 3-4 Minuten braten.
- Alle restlichen Zutaten außer Fisch und restlichem Wasser hinzufügen. 6–7 Minuten anbraten. Den Fisch und das Wasser hinzufügen. Gut vermischen und 20 Minuten köcheln lassen, dabei gelegentlich umrühren. Heiß servieren.

Garnelen-Vindaloo

(Garnelen gekocht in scharfem Goa-Curry)

Für 4 Personen

Zutaten

   3 Esslöffel raffiniertes Pflanzenöl

   1 große Zwiebel, gerieben

   4 Tomaten, fein gehackt

   1½ Teelöffel Chilipulver

   ½ Teelöffel Kurkuma

   2 Teelöffel gemahlener Kreuzkümmel

   750 g 10 oz Garnelen, geschält und enthaart

   3 Esslöffel weißer Essig

   1 Teelöffel Zucker

   Salz nach Geschmack

Methode

- Das Öl in einem Topf erhitzen. Die Zwiebel dazugeben und bei mittlerer Hitze 1 bis 2 Minuten anbraten. Tomaten, Chilipulver, Kurkuma und Kreuzkümmel hinzufügen. Gut vermischen und 6-7 Minuten kochen lassen, dabei gelegentlich umrühren.
- Die Garnelen dazugeben und gut vermischen. Bei schwacher Hitze 10 Minuten kochen lassen.
- Essig, Zucker und Salz hinzufügen. 5-7 Minuten kochen lassen. Heiß servieren.

Fisch mit grünem Masala

Für 4 Personen

Zutaten

750 g Schwertfisch, ohne Haut und filetiert

Salz nach Geschmack

1 Teelöffel Kurkuma

50 g Minzblätter

100g Korianderblätter

12 Knoblauchzehen

5 cm Ingwerwurzel

2 große Zwiebeln, in Scheiben geschnitten

5 cm Zimt

1 Esslöffel Mohn

3 Nelken

500 ml/16 Flüssigunzen Wasser

3 Esslöffel raffiniertes Pflanzenöl

Methode

- Den Fisch 30 Minuten mit Salz und Kurkuma marinieren.
- Mahlen Sie die anderen Zutaten (außer dem Öl) zusammen mit ausreichend Wasser, um eine dicke Paste zu bilden.
- Das Öl in einem Topf erhitzen. Die Nudeln dazugeben und bei mittlerer Hitze 4-5 Minuten braten. Den marinierten Fisch und das restliche Wasser hinzufügen. Gut vermischen und 20 Minuten köcheln lassen, dabei gelegentlich umrühren. Heiß servieren.

Muschel Masala

Für 4 Personen

Zutaten

500 g gereinigte Muscheln (siehe Kochtechniken)

Salz nach Geschmack

Teelöffel: Kurkuma

1 Esslöffel Koriandersamen

3 Nelken

2,5 cm/1 Zimt

4 schwarze Pfefferkörner

2,5 cm Ingwerwurzel

8 Knoblauchzehen

60 g frische Kokosnuss, geraspelt

2 Esslöffel raffiniertes Pflanzenöl

1 große Zwiebel, fein gehackt

500 ml/16 Flüssigunzen Wasser

Methode

- Dampf (siehe Kochtechniken) Muscheln 20 Minuten im Dampfgarer garen. Salz und Kurkuma darüber streuen. Beiseite legen.
- Die restlichen Zutaten außer Öl, Zwiebel und Wasser zerkleinern.

- Das Öl in einem Topf erhitzen. Die gehackten Nudeln und Zwiebeln hinzufügen. Bei mittlerer Hitze 4-5 Minuten braten. Die gedünsteten Muscheln dazugeben und 5 Minuten anbraten. Fügen Sie das Wasser hinzu. 10 Minuten kochen lassen und heiß servieren.

Fisch-Tikka

Für 4 Personen

Zutaten

2 Teelöffel Ingwerpaste

2 Teelöffel Knoblauchpaste

1 Teelöffel Garam Masala

1 Teelöffel Chilipulver

2 Teelöffel gemahlener Kreuzkümmel

2 Esslöffel Zitronensaft

Salz nach Geschmack

1 kg Seeteufel, ohne Haut und filetiert

Raffiniertes Pflanzenöl zum flachen Braten

2 Eier, geschlagen

3 Esslöffel Grieß

Methode

- Ingwerpaste, Knoblauchpaste, Garam Masala, Chilipulver, Kreuzkümmel, Zitronensaft und Salz vermischen. Den Fisch mit dieser Mischung 2 Stunden lang marinieren.
- Das Öl in einer Pfanne erhitzen. Den marinierten Fisch in das Ei tauchen, in Grieß wälzen und bei mittlerer Hitze 4-5 Minuten braten.
- Wenden und 2-3 Minuten braten. Auf saugfähigem Papier abtropfen lassen und heiß servieren.

Mit Garnelen gefüllte Auberginen

Für 4 Personen

Zutaten

4 Esslöffel raffiniertes Pflanzenöl

1 große Zwiebel, fein gerieben

2 Teelöffel Ingwerpaste

2 Teelöffel Knoblauchpaste

1 Teelöffel Kurkuma

½ Teelöffel Garam Masala

Salz nach Geschmack

1 Teelöffel Tamarindenpaste

180 g rosa Garnelen, geschält und vom Rand befreit

60 ml Wasser

8 kleine Auberginen

10 g Korianderblätter, gehackt, zum Garnieren

Methode

- Für die Füllung die Hälfte des Öls in einem Topf erhitzen. Die Zwiebel dazugeben und bei schwacher Hitze goldbraun anbraten. Ingwerpaste, Knoblauchpaste, Kurkuma und Garam Masala hinzufügen. 2–3 Minuten anbraten.
- Salz, Tamarindenpaste, Garnelen und Wasser hinzufügen. Gut vermischen und 15 Minuten köcheln lassen. Buchen Sie an einem coolen Ort.
- Machen Sie mit einem Messer ein Kreuz an einem Ende einer Aubergine. Schneiden Sie entlang des Kreuzes tiefer und lassen Sie das andere Ende intakt. Füllen Sie die Garnelenmischung in diese Mulde. Für alle Auberginen wiederholen.
- Restliches Öl in einer Pfanne erhitzen. Die gefüllten Auberginen dazugeben. Bei schwacher Hitze 12–15 Minuten braten, dabei gelegentlich umrühren. Garnieren und heiß servieren.

Garnelen mit Knoblauch und Zimt

Für 4 Personen

Zutaten

250 ml raffiniertes Pflanzenöl

1 Teelöffel Kurkuma

2 Teelöffel Knoblauchpaste

Salz nach Geschmack

500 g rosa Garnelen, geschält und vom Rand befreit

2 Teelöffel gemahlener Zimt

Methode

- Das Öl in einem Topf erhitzen. Kurkuma, Knoblauchpaste und Salz hinzufügen. Bei mittlerer Hitze 2 Minuten braten. Die Garnelen hinzufügen und 15 Minuten kochen lassen.
- Den Zimt hinzufügen. 2 Minuten kochen lassen und heiß servieren.

Gedämpfte Seezunge mit Senf

Für 4 Personen

Zutaten

1 Teelöffel Ingwerpaste

1 Teelöffel Knoblauchpaste

¼ Teelöffel rote Chilipaste

2 Teelöffel englischer Senf

2 Teelöffel Zitronensaft

1 Teelöffel Senföl

Salz nach Geschmack

1 kg Seezunge, geschält und filetiert

25 g/ein paar Korianderblätter, fein gehackt

Methode

- Alle Zutaten bis auf den Fisch und die Korianderblätter vermischen. Den Fisch mit dieser Mischung 30 Minuten marinieren.
- Legen Sie den Fisch in eine flache Schüssel. Dampf (siehe Kochtechniken) 15 Minuten im Dampfgarer garen. Mit Korianderblättern dekorieren und heiß servieren.

Gebratene Fischnudeln

Für 4 Personen

Zutaten

1 kg Seeteufel, ohne Haut und filetiert

½ Teelöffel Kurkuma

Salz nach Geschmack

125g Besan*

3 Esslöffel Semmelbrösel

½ Teelöffel Chilipulver

½ Teelöffel gemahlener schwarzer Pfeffer

1 grüne Chilischote, gehackt

1 Teelöffel Ajowansamen

3 Esslöffel gehackte Korianderblätter

500 ml/16 Flüssigunzen Wasser

Raffiniertes Pflanzenöl zum Braten

Methode

- Den Fisch 30 Minuten mit Kurkuma und Salz marinieren.

- Die restlichen Zutaten, außer dem Öl, vermischen, bis eine Paste entsteht.

- Das Öl in einer Pfanne erhitzen. Den marinierten Fisch in den Teig tauchen und bei mittlerer Hitze goldbraun braten.

- Auf saugfähigem Papier abtropfen lassen und heiß servieren.

Fischeintopf

(Goa-Fisch)

Für 4 Personen

Zutaten

3 Esslöffel raffiniertes Pflanzenöl

3 große Zwiebeln, in dünne Scheiben geschnitten

6 grüne Chilischoten, der Länge nach geschnitten

750 g filetierter Wolfsbarsch, gehackt

1 Teelöffel gemahlener Kreuzkümmel

1 Teelöffel Kurkuma

1 Teelöffel Ingwerpaste

1 Teelöffel Knoblauchpaste

360 ml Kokosmilch

2 Teelöffel Tamarindenpaste

Salz nach Geschmack

Methode

- Das Öl in einem Topf erhitzen. Die Zwiebeln hinzufügen und bei schwacher Hitze goldbraun braten.

- Grüne Chilis, Fisch, gemahlenen Kreuzkümmel, Kurkuma, Ingwerpaste, Knoblauchpaste und Kokosmilch hinzufügen. Gut vermischen und 10 Minuten köcheln lassen.

- Tamarindenpaste und Salz hinzufügen. Gut vermischen und 15 Minuten köcheln lassen. Heiß servieren.

Garnelen-Ei-Curry

Für 4 Personen

Zutaten

3 Esslöffel raffiniertes Pflanzenöl

2 Nelken

2,5 cm/1 Zimt

6 schwarze Pfefferkörner

2 Lorbeerblätter

1 große Zwiebel, fein gehackt

½ Teelöffel Kurkuma

1 Teelöffel Ingwerpaste

1 Teelöffel Knoblauchpaste

1 Teelöffel Garam Masala

12 große Garnelen, geschält und enthaart

Salz nach Geschmack

200 g Tomatenpüree

120 ml Wasser

4 hartgekochte Eier, der Länge nach halbiert

Methode

- Das Öl in einem Topf erhitzen. Nelken, Zimt, Pfefferkörner und Lorbeerblätter hinzufügen. Lassen Sie sie 15 Sekunden lang spucken.

- Die restlichen Zutaten außer Tomatenpüree, Wasser und Eiern hinzufügen. Bei mittlerer Hitze 6-7 Minuten braten. Tomatenpüree und Wasser hinzufügen. 10-12 Minuten kochen lassen.

- Die Eier vorsichtig hinzufügen. 4-5 Minuten kochen lassen. Heiß servieren.

Maulwurfsfisch

(Fisch gekocht in einfachem Curry)

Für 4 Personen

Zutaten

2 Esslöffel geklärte Butter

1 kleine Zwiebel, fein gehackt

4 Knoblauchzehen, in dünne Scheiben schneiden

1 Zoll Ingwerwurzel, in dünne Scheiben geschnitten

6 grüne Chilischoten, der Länge nach geschnitten

1 Teelöffel Kurkuma

Salz nach Geschmack

750 ml/1¼ Pints Kokosmilch

1 kg Wolfsbarsch, ohne Haut und filetiert

Methode

- Butterschmalz in einem Topf erhitzen. Zwiebel, Knoblauch, Ingwer und Chili hinzufügen. Bei schwacher Hitze 2 Minuten anbraten. Kurkuma hinzufügen. 3-4 Minuten kochen lassen.

- Salz, Kokosmilch und Fisch hinzufügen. Gut vermischen und 15–20 Minuten köcheln lassen. Heiß servieren.

Garnelen-Bharta

(Garnelen gekocht in klassischer indischer Sauce)

Für 4 Personen

Zutaten

100 ml Senföl

1 Teelöffel Kreuzkümmelsamen

1 große Zwiebel, gerieben

1 Teelöffel Kurkuma

1 Teelöffel Garam Masala

2 Teelöffel Ingwerpaste

2 Teelöffel Knoblauchpaste

2 Tomaten, fein gehackt

3 grüne Chilischoten, der Länge nach geschnitten

750 g 10 oz Garnelen, geschält und enthaart

250 ml/8 Flüssigunzen Wasser

Salz nach Geschmack

Methode

- Das Öl in einem Topf erhitzen. Die Kreuzkümmelsamen hinzufügen. Lassen Sie sie 15 Sekunden lang spucken. Die Zwiebel dazugeben und bei mittlerer Hitze goldbraun anbraten.

- Alle restlichen Zutaten hinzufügen. 15 Minuten kochen lassen und heiß servieren.

Scharfer Fisch und Gemüse

Für 4 Personen

Zutaten

2 Esslöffel Senföl

500 g/1 lb 2 oz Zitronenzunge, geschält und filetiert

Teelöffel Senfkörner

Teelöffel Fenchelsamen

Teelöffel Bockshornkleesamen

Teelöffel Kreuzkümmelsamen

2 Lorbeerblätter

½ Teelöffel Kurkuma

2 getrocknete rote Paprika, halbiert

1 große Zwiebel, in dünne Scheiben geschnitten

200 g gefrorenes gemischtes Gemüse

360 ml/12 Flüssigunzen Wasser

Salz nach Geschmack

Methode

- Das Öl in einem Topf erhitzen. Den Fisch dazugeben und bei mittlerer Hitze goldbraun braten. Zurückkehren und wiederholen. Abgießen und aufbewahren.

- Zum gleichen Öl Senf, Fenchel, Bockshornkleesamen und Kreuzkümmel, Lorbeerblatt, Kurkuma und rote Chilischote hinzufügen. 30 Sekunden braten.

- Fügen Sie die Zwiebel hinzu. Bei mittlerer Hitze 1 Minute anbraten. Die restlichen Zutaten und den gebratenen Fisch hinzufügen. 30 Minuten kochen lassen und heiß servieren.

Makrelenschnitzel

Für 4 Personen

Zutaten

4 große Makrelen, geputzt

Salz nach Geschmack

½ Teelöffel Kurkuma

2 Teelöffel Malzessig

250 ml/8 Flüssigunzen Wasser

1 Esslöffel raffiniertes Pflanzenöl, plus etwas mehr zum flachen Braten

2 große Zwiebeln, fein gehackt

1 Teelöffel Ingwerpaste

1 Teelöffel Knoblauchpaste

1 Tomate, fein gehackt

1 Teelöffel gemahlener schwarzer Pfeffer

1 geschlagenes Ei

10 g Korianderblätter, gehackt

3 Scheiben Brot, eingeweicht und gepresst

60 g Reismehl

Methode

- Die Makrele in einer Pfanne mit Salz, Kurkuma, Essig und Wasser bei mittlerer Hitze 15 Minuten kochen. Entbeinen und pürieren. Beiseite legen.

- 1 Esslöffel Öl in einem Topf erhitzen. Die Zwiebeln bei schwacher Hitze goldbraun braten.

- Ingwerpaste, Knoblauchpaste und Tomate hinzufügen. 4–5 Minuten anbraten.

- Pfeffer und Salz hinzufügen und vom Herd nehmen. Mit Fischpüree, Ei, Korianderblättern und Brot vermischen. Kneten und 8 Koteletts formen.

- Das Öl in einer Pfanne erhitzen. Die Schnitzel in Reismehl wälzen und bei mittlerer Hitze 4-5 Minuten braten. Zurückkehren und wiederholen. Heiß servieren.

Tandoori-Krabbe

Für 4 Personen

Zutaten

2 Teelöffel Ingwerpaste

2 Teelöffel Knoblauchpaste

2 Teelöffel Garam Masala

1 Esslöffel Zitronensaft

Griechischer Joghurt 125g/4½oz

Salz nach Geschmack

4 Krabben, gereinigt

1 Esslöffel raffiniertes Pflanzenöl

Methode

- Alle Zutaten außer den Krabben und dem Öl vermischen. Marinieren Sie die Krabben mit dieser Mischung 3–4 Stunden lang.
- Die marinierten Krabben mit Öl bestreichen. 10-15 Minuten grillen. Heiß servieren.

Gefüllter Fisch

Für 4 Personen

Zutaten

2 Esslöffel raffiniertes Pflanzenöl, plus etwas mehr zum flachen Braten

1 große Zwiebel, fein geschnitten

1 große Tomate, fein gehackt

1 Teelöffel Ingwerpaste

1 Teelöffel Knoblauchpaste

1 Teelöffel gemahlener Koriander

1 Teelöffel gemahlener Kreuzkümmel

Salz nach Geschmack

1 Teelöffel Kurkuma

2 Esslöffel Malzessig

1 kg Lachs, auf Bauchhöhe geteilt

25 g/Stück 1 Unze Semmelbrösel

Methode

- 2 Esslöffel Öl in einem Topf erhitzen. Die Zwiebel dazugeben und bei schwacher Hitze goldbraun anbraten. Die restlichen Zutaten außer Essig, Fisch und Semmelbröseln hinzufügen. 5 Minuten anbraten.
- Den Essig hinzufügen. 5 Minuten kochen lassen. Den Fisch mit der Mischung füllen.
- Restliches Öl in einer Pfanne erhitzen. Den Fisch in Semmelbröseln wälzen und bei mittlerer Hitze goldbraun braten. Zurückkehren und wiederholen. Heiß servieren.

Garnelen-Blumenkohl-Curry

Für 4 Personen

Zutaten

10 Esslöffel raffiniertes Pflanzenöl

1 große Zwiebel, fein gehackt

Teelöffel: Kurkuma

250 g rosa Garnelen, geschält und vom Rand befreit

200 g Blumenkohlröschen

Salz nach Geschmack

Für die Gewürzmischung:

1 Esslöffel Koriandersamen

1 Esslöffel Garam Masala

5 rote Paprika

2,5 cm Ingwerwurzel

8 Knoblauchzehen

60 g frische Kokosnuss

Methode

- Die Hälfte des Öls in einer Pfanne erhitzen. Die Zutaten der Gewürzmischung hinzufügen und bei mittlerer Hitze 5 Minuten anbraten. Mahlen, bis eine dicke Paste entsteht. Beiseite legen.
- Restliches Öl in einem Topf erhitzen. Die Zwiebel bei mittlerer Hitze anbraten, bis sie glasig ist. Alle restlichen Zutaten und Gewürzpaste hinzufügen.
- 15–20 Minuten köcheln lassen, dabei gelegentlich umrühren. Heiß servieren.

Sautierte Muscheln

Für 4 Personen

Zutaten

500 g Muscheln, gereinigt

6 Esslöffel raffiniertes Pflanzenöl

2 große Zwiebeln, fein gehackt

1 Teelöffel Kurkuma

1 Teelöffel Garam Masala

2 Teelöffel Ingwerpaste

2 Teelöffel Knoblauchpaste

10 g Korianderblätter, gehackt

6 Koku*

Salz nach Geschmack

250 ml/8 Flüssigunzen Wasser

Methode

- Die Muscheln 25 Minuten dämpfen. Beiseite legen.
- Das Öl in einem Topf erhitzen. Die Zwiebeln bei schwacher Hitze goldbraun braten.
- Die restlichen Zutaten außer dem Wasser hinzufügen. 5–6 Minuten anbraten.
- Die gedünsteten Muscheln und das Wasser hinzufügen. Mit einem Deckel abdecken und 10 Minuten kochen lassen. Heiß servieren.

Gebratene Garnelen

Für 4 Personen

Zutaten

250 g geschälte Garnelen

Besan 250g/9oz*

2 grüne Chilischoten, fein gehackt

1 Teelöffel Chilipulver

1 Teelöffel Kurkuma

1 Teelöffel gemahlener Koriander

1 Teelöffel gemahlener Kreuzkümmel

½ Teelöffel Amchoor*

1 kleine Zwiebel, gerieben

Teelöffel Backpulver

Salz nach Geschmack

Raffiniertes Pflanzenöl zum Braten

Methode

- Alle Zutaten außer Öl mit so viel Wasser vermischen, dass eine dicke Paste entsteht.
- Das Öl in einer Pfanne erhitzen. Ein paar Löffel Teig dazugeben und bei mittlerer Hitze von allen Seiten goldbraun braten.
- Für den Rest des Teigs wiederholen. Heiß servieren.

Makrele in Tomatensauce

Für 4 Personen

Zutaten

1 Esslöffel raffiniertes Pflanzenöl

2 große Zwiebeln, fein gehackt

2 Tomaten, fein gehackt

1 Esslöffel Ingwerpaste

1 Esslöffel Knoblauchpaste

1 Teelöffel Chilipulver

½ Teelöffel Kurkuma

8 getrocknete Kokums*

2 grüne Chilischoten, in Scheiben geschnitten

Salz nach Geschmack

4 große Makrelen, geschält und filetiert

120 ml Wasser

Methode

- Das Öl in einem Topf erhitzen. Die Zwiebeln bei mittlerer Hitze goldbraun anbraten. Alle restlichen Zutaten außer Fisch und Wasser hinzufügen. Gut vermischen und 5-6 Minuten braten.
- Den Fisch und das Wasser hinzufügen. Gut mischen. 15 Minuten kochen lassen und heiß servieren.

Konju Ullaruathu

(Langustinen in rotem Masala)

Für 4 Personen

Zutaten

120 ml raffiniertes Pflanzenöl

1 große Zwiebel, fein gehackt

5 cm/2 cm Ingwerwurzel, in dünne Scheiben geschnitten

12 Knoblauchzehen, in dünne Scheiben geschnitten

2 Esslöffel grüne Chilis, fein gehackt

8 Curryblätter

2 Tomaten, fein gehackt

1 Teelöffel Kurkuma

2 Teelöffel gemahlener Koriander

1 Teelöffel gemahlener Fenchel

600 g Scampi, geschält und geputzt

3 Teelöffel Chilipulver

Salz nach Geschmack

1 Teelöffel Garam Masala

Methode

- Das Öl in einem Topf erhitzen. Zwiebel, Ingwer, Knoblauch, grüne Chilis und Curryblätter hinzufügen und bei mittlerer Hitze 1–2 Minuten braten.
- Alle restlichen Zutaten außer Garam Masala hinzufügen. Gut vermischen und bei schwacher Hitze 15–20 Minuten kochen lassen.
- Mit Garam Masala bestreuen und heiß servieren.

Chemeen Manga Curry

(Garnelencurry mit unreifer Mango)

Für 4 Personen

Zutaten

200 g frische Kokosnuss, geraspelt

1 Esslöffel Chilipulver

2 große Zwiebeln, in dünne Scheiben geschnitten

3 Esslöffel raffiniertes Pflanzenöl

2 grüne Chilis, gehackt

1 Zoll Ingwerwurzel, in dünne Scheiben geschnitten

Salz nach Geschmack

1 Teelöffel Kurkuma

1 kleine unreife Mango, gewürfelt

120 ml Wasser

750 g Tigergarnelen, geschält und enthaart

1 Teelöffel Senfkörner

10 Curryblätter

2 ganze rote Paprika

4-5 Schalotten, in Scheiben geschnitten

Methode

- Kokosnuss, Chilipulver und die Hälfte der Zwiebeln vermahlen. Beiseite legen.
- Die Hälfte des Öls in einem Topf erhitzen. Die restlichen Zwiebeln mit grünen Chilis, Ingwer, Salz und Kurkuma bei schwacher Hitze 3-4 Minuten anbraten.
- Kokosnusspaste, unreife Mango und Wasser hinzufügen. 8 Minuten kochen lassen.
- Fügen Sie die Garnelen hinzu. 10-12 Minuten kochen lassen und beiseite stellen.
- Restliches Öl erhitzen. Senfkörner, Curryblätter, Chilis und Schalotten hinzufügen. Eine Minute braten. Diese Mischung zu den Garnelen geben und heiß servieren.

Einfache Machchi-Pommes

(Fisch gebraten mit Gewürzen)

Für 4 Personen

Zutaten

8 Filets von festem Weißfisch, z. B. Kabeljau

Teelöffel: Kurkuma

½ Teelöffel Chilipulver

1 Teelöffel Zitronensaft

250 ml raffiniertes Pflanzenöl

2 Esslöffel Weißmehl

Methode

- Den Fisch 1 Stunde lang mit Kurkuma, Chilipulver und Zitronensaft marinieren.
- Das Öl in einer Pfanne erhitzen. Den Fisch mit Mehl bestäuben und bei mittlerer Hitze 3-4 Minuten braten. Wenden und 2-3 Minuten braten. Heiß servieren.

Machher Kalia

(Fisch in kräftiger Soße)

Für 4 Personen

Zutaten

1 Teelöffel Koriandersamen

2 Teelöffel Kreuzkümmelsamen

1 Teelöffel Chilipulver

1 Zoll Ingwerwurzel, geschält

250 ml/8 Flüssigunzen Wasser

120 ml raffiniertes Pflanzenöl

500 g Forellenfilets, ohne Haut

3 Lorbeerblätter

1 große Zwiebel, fein gehackt

4 Knoblauchzehen, fein gehackt

4 grüne Chilischoten, in Scheiben geschnitten

Salz nach Geschmack

1 Teelöffel Kurkuma

2 Esslöffel Joghurt

Methode

- Koriandersamen, Kreuzkümmelsamen, Chilipulver und Ingwer mit ausreichend Wasser zu einer dicken Paste vermahlen. Beiseite legen.
- Das Öl in einem Topf erhitzen. Den Fisch dazugeben und bei mittlerer Hitze 3–4 Minuten anbraten. Zurückkehren und wiederholen. Abgießen und aufbewahren.
- Zum gleichen Öl Lorbeerblätter, Zwiebeln, Knoblauch und grüne Chilis hinzufügen. 2 Minuten braten. Die restlichen Zutaten, den gebratenen Fisch und den Teig hinzufügen. Gut vermischen und 15 Minuten köcheln lassen. Heiß servieren.

Gebratener Fisch im Ei

Für 4 Personen

Zutaten

500 g John Dory-Fisch, ohne Haut und filetiert

Saft von 1 Zitrone

Salz nach Geschmack

2 Eier

1 Esslöffel Weißmehl

½ Teelöffel gemahlener schwarzer Pfeffer

1 Teelöffel Chilipulver

250 ml raffiniertes Pflanzenöl

100 g Semmelbrösel

Methode

- Den Fisch 4 Stunden lang mit Zitronensaft und Salz marinieren.
- Die Eier mit Mehl, Pfeffer und Chilipulver verquirlen.
- Das Öl in einer Pfanne erhitzen. Den marinierten Fisch in die Eimischung tauchen, in Semmelbröseln wälzen und bei schwacher Hitze goldbraun braten. Heiß servieren.

Lau Chingri

(Garnelen mit Kürbis)

Für 4 Personen

Zutaten

- 250 g geschälte Garnelen
- 500 g Kürbis, in Würfel schneiden
- 2 Esslöffel Senföl
- Teelöffel Kreuzkümmelsamen
- 1 Lorbeerblatt
- ½ Teelöffel Kurkuma
- 1 Esslöffel gemahlener Koriander
- Teelöffel Zucker
- 1 Esslöffel Milch
- Salz nach Geschmack

Methode
- Garnelen und Kürbis 15–20 Minuten dämpfen. Beiseite legen.
- Das Öl in einem Topf erhitzen. Kreuzkümmel und Lorbeerblatt hinzufügen. 15 Sekunden braten. Kurkuma und gemahlenen Koriander hinzufügen. Bei mittlerer Hitze 2-3 Minuten braten. Zucker, Milch, Salz sowie gedünstete Garnelen und Kürbis hinzufügen. 10 Minuten köcheln lassen. Heiß servieren.

Fischtomate

Für 4 Personen

Zutaten

2 Esslöffel Weißmehl

1 Teelöffel gemahlener schwarzer Pfeffer

500 g/1 lb 2 oz Zitronenzunge, geschält und filetiert

3 Esslöffel Butter

2 Lorbeerblätter

1 kleine Zwiebel, gerieben

6 Knoblauchzehen, fein gehackt

2 Teelöffel Zitronensaft

6 Esslöffel Fischbrühe

150 g Tomatenpüree

Salz nach Geschmack

Methode

- Mehl und Pfeffer vermischen. Tauchen Sie den Fisch in die Mischung.
- Die Butter in einer Pfanne erhitzen. Den Fisch bei mittlerer Hitze goldbraun anbraten. Abgießen und aufbewahren.
- Lorbeerblätter, Zwiebeln und Knoblauch in der gleichen Butter bei mittlerer Hitze 2-3 Minuten anbraten. Den gebratenen Fisch und alle anderen Zutaten hinzufügen. Gut vermischen und 20 Minuten köcheln lassen. Heiß servieren.

Chingri Machher Kalia

(Reichhaltiges Garnelen-Curry)

Für 4 Personen

Zutaten

24 große Garnelen, geschält und enthaart

½ Teelöffel Kurkuma

Salz nach Geschmack

250 ml/8 Flüssigunzen Wasser

3 Esslöffel Senföl

2 große Zwiebeln, fein gerieben

6 getrocknete rote Paprika, gemahlen

2 Esslöffel Korianderblätter, fein gehackt

Methode

- Die Garnelen mit Kurkuma, Salz und Wasser in einem Topf bei mittlerer Hitze 20–25 Minuten kochen. Beiseite legen. Werfen Sie das Wasser nicht weg.
- Das Öl in einem Topf erhitzen. Zwiebeln und rote Chilis hinzufügen und bei mittlerer Hitze 2-3 Minuten braten.
- Die gekochten Garnelen und das zurückbehaltene Wasser hinzufügen. Gut vermischen und 20–25 Minuten köcheln lassen. Mit Korianderblättern dekorieren. Heiß servieren.

Fisch-Kebab-Tikka

Für 4 Personen

Zutaten

1 Esslöffel Malzessig

1 Esslöffel Joghurt

1 Teelöffel Ingwerpaste

1 Teelöffel Knoblauchpaste

2 grüne Chilischoten, fein gehackt

1 Teelöffel Garam Masala

1 Teelöffel gemahlener Kreuzkümmel

1 Teelöffel Chilipulver

Eine Prise orange Lebensmittelfarbe

Salz nach Geschmack

675 g Seeteufel, gehäutet und filetiert

Methode

- Alle Zutaten außer dem Fisch vermischen. Den Fisch mit dieser Mischung 3 Stunden lang marinieren.
- Den marinierten Fisch auf Spieße stecken und 20 Minuten grillen. Heiß servieren.

Chingri Machher Jakobsmuschel

(Garnelenkoteletts)

Für 4 Personen

Zutaten

12 Garnelen, geschält und enthaart

Salz nach Geschmack

500 ml/16 Flüssigunzen Wasser

4 grüne Chilischoten, fein gehackt

2 Esslöffel Knoblauchpaste

50 g gehackte Korianderblätter

1 Teelöffel gemahlener Kreuzkümmel

Prise Kurkuma

Raffiniertes Pflanzenöl zum Braten

1 geschlagenes Ei

4 Esslöffel Semmelbrösel

Methode

- Die Garnelen mit Salz und Wasser in einem Topf bei mittlerer Hitze 20 Minuten kochen. Abgießen und mit allen anderen Zutaten außer Öl, Ei und Semmelbröseln zerstampfen.
- Teilen Sie die Mischung in 8 Portionen, formen Sie Kugeln und drücken Sie diese zu Schnitzeln flach.
- Das Öl in einer Pfanne erhitzen. Die Schnitzel in das Ei tauchen, in Semmelbröseln wälzen und bei mittlerer Hitze goldbraun braten. Heiß servieren.

Gekochter Fisch

Für 4 Personen

Zutaten

500 g Seezungen- oder Red Snapper-Filets, ohne Haut

Salz nach Geschmack

1 Teelöffel gemahlener schwarzer Pfeffer

¼ TL. 1 Teelöffel getrocknete rote Chilis, fein gehackt

2 große grüne Paprika, fein gehackt

2 Tomaten, in Scheiben geschnitten

1 große Zwiebel, in Scheiben geschnitten

Saft von 1 Zitrone

3 grüne Chilischoten, der Länge nach geschnitten

10 Knoblauchzehen, in dünne Scheiben geschnitten

1 Esslöffel Olivenöl

Methode

- Die Fischfilets in eine Auflaufform legen und mit Salz, Pfeffer und Chili bestreuen.
- Die restlichen Zutaten über diese Mischung verteilen.
- Decken Sie die Auflaufform ab und backen Sie sie 15 Minuten lang bei 200 °C im Ofen. Aufdecken und 10 Minuten kochen lassen. Heiß servieren.

Garnelen mit grünen Paprika

Für 4 Personen

Zutaten

4 Esslöffel raffiniertes Pflanzenöl

2 große Zwiebeln, in dünne Scheiben geschnitten

5 cm/2 cm Ingwerwurzel, in dünne Scheiben geschnitten

12 Knoblauchzehen, in dünne Scheiben geschnitten

4 grüne Chilischoten, der Länge nach geschnitten

½ Teelöffel Kurkuma

2 Tomaten, fein gehackt

500 g rosa Garnelen, geschält und vom Rand befreit

3 grüne Paprika, entkernt und in Scheiben geschnitten

Salz nach Geschmack

1 Esslöffel gehackte Korianderblätter

Methode

- Das Öl in einem Topf erhitzen. Zwiebeln, Ingwer, Knoblauch und grüne Chilis hinzufügen. Bei schwacher Hitze 1-2 Minuten braten. Die restlichen Zutaten außer den Korianderblättern hinzufügen. Gut vermischen und 15 Minuten braten.
- Mit Korianderblättern dekorieren. Heiß servieren.

Machher Jhole

(Fisch in Soße)

Für 4 Personen

Zutaten

1 Pfund (500 g) 2 Unzen Forelle, ohne Haut und filetiert

1 Teelöffel Kurkuma

Salz nach Geschmack

4 Esslöffel Senföl

3 getrocknete rote Paprika

1 Teelöffel Garam Masala

1 große Zwiebel, gerieben

2 Teelöffel Ingwerpaste

1 Teelöffel gemahlener Senf

1 Teelöffel gemahlener Koriander

250 ml/8 Flüssigunzen Wasser

1 Esslöffel gehackte Korianderblätter

Methode

- Den Fisch 30 Minuten mit Kurkuma und Salz marinieren.
- Das Öl in einer Pfanne erhitzen. Den marinierten Fisch bei mittlerer Hitze 2-3 Minuten anbraten. Zurückkehren und wiederholen. Beiseite legen.
- Im gleichen Öl die Chilis und Garam Masala bei mittlerer Hitze 1 bis 2 Minuten anbraten. Die restlichen Zutaten außer den Korianderblättern hinzufügen. Gut vermischen und 10 Minuten köcheln lassen. Den Fisch dazugeben und gut vermischen.
- 10 Minuten köcheln lassen. Mit Korianderblättern bestreuen und heiß servieren.

Machher Paturi

(Gedünsteter Fisch in Bananenblättern)

Für 4 Personen

Zutaten

5 Esslöffel Senfkörner

5 grüne Chilischoten

1 Teelöffel Kurkuma

1 Teelöffel Chilipulver

1 Esslöffel Senföl

½ Teelöffel Fenchelsamen

2 Esslöffel Korianderblätter, fein gehackt

½ Teelöffel Zucker

Salz nach Geschmack

750 g/1 Pfund 10 Unzen Forelle, ohne Haut und filetiert

Bananenblätter 20 × 15 cm, gewaschen

Methode

- Alle Zutaten bis auf den Fisch und die Bananenblätter vermahlen, bis eine glatte Paste entsteht. Den Fisch mit dieser Paste 30 Minuten marinieren.
- Wickeln Sie den Fisch in Bananenblätter und dämpfen Sie ihn 20–25 Minuten lang. Vorsichtig auspacken und heiß servieren.

Chingri Machher Shorsher Jhole

(Garnelencurry mit Senf)

Für 4 Personen

Zutaten

6 getrocknete rote Paprika

½ Teelöffel Kurkuma

3 Teelöffel Kreuzkümmelsamen

1 Esslöffel Senfkörner

12 Knoblauchzehen

2 große Zwiebeln

Salz nach Geschmack

24 Garnelen, geschält und enthaart

3 Esslöffel Senföl

500 ml/16 Flüssigunzen Wasser

Methode

- Alle Zutaten bis auf die Garnelen, das Öl und das Wasser vermahlen, bis eine glatte Paste entsteht. Marinieren Sie die Garnelen 1 Stunde lang mit dieser Paste.
- Das Öl in einem Topf erhitzen. Die Garnelen dazugeben und bei mittlerer Hitze 4–5 Minuten anbraten.
- Fügen Sie das Wasser hinzu. Gut vermischen und 20 Minuten köcheln lassen. Heiß servieren.

Garnelen-Kartoffel-Curry

Für 4 Personen

Zutaten

3 Esslöffel raffiniertes Pflanzenöl

2 große Zwiebeln, fein gehackt

3 Tomaten, fein gehackt

1 Teelöffel Knoblauchpaste

1 Teelöffel Chilipulver

½ Teelöffel Kurkuma

1 Teelöffel Garam Masala

250 g rosa Garnelen, geschält und vom Rand befreit

2 große Kartoffeln, in Würfel geschnitten

250 ml/8 Flüssigunzen heißes Wasser

1 Teelöffel Zitronensaft

10 g Korianderblätter, gehackt

Salz nach Geschmack

Methode

- Das Öl in einem Topf erhitzen. Die Zwiebeln bei schwacher Hitze goldbraun braten.
- Tomaten, Knoblauchpaste, Chilipulver, Kurkuma und Garam Masala hinzufügen. 4–5 Minuten anbraten. Die restlichen Zutaten hinzufügen. Gut mischen.
- 20 Minuten kochen und heiß servieren.

Garnelenmaulwurf

(Garnelen gekocht in einem einfachen Curry)

Für 4 Personen

Zutaten

3 Esslöffel raffiniertes Pflanzenöl

2 große Zwiebeln, fein gehackt

2,5 cm Ingwerwurzel, in Julienne-Streifen geschnitten

8 Knoblauchzehen, gehackt

4 grüne Chilischoten, der Länge nach geschnitten

375 g/13 Unzen Garnelen, geschält und enthäutet

3 Tomaten, fein gehackt

1 Teelöffel Kurkuma

½ Teelöffel Chilipulver

Salz nach Geschmack

750 ml/1¼ Pints Kokosmilch

Methode

- Das Öl in einem Topf erhitzen. Zwiebeln, Ingwer, Knoblauch und grüne Chilis hinzufügen und bei mittlerer Hitze 1-2 Minuten braten.
- Garnelen, Tomaten, Kurkuma, Chilipulver und Salz hinzufügen. 5–6 Minuten anbraten. Die Kokosmilch hinzufügen. Gut vermischen und 10-12 Minuten köcheln lassen. Heiß servieren.

Koliwada-Fisch

(Scharf gebratener Fisch)

Für 4 Personen

Zutaten

675 g Seeteufel, gehäutet und filetiert

Salz nach Geschmack

1 Teelöffel Zitronensaft

Besan 250g/9oz*

3 Esslöffel Mehl

1 Teelöffel Kurkuma

2 Teelöffel Chaat Masala*

1 Teelöffel Garam Masala

2 Esslöffel gehackte Korianderblätter

1 Esslöffel Malzessig

1 Teelöffel Chilipulver

4 Esslöffel Wasser

Raffiniertes Pflanzenöl zum Braten

Methode
- Den Fisch 2 Stunden lang mit Salz und Zitronensaft marinieren.
- Alle restlichen Zutaten außer Öl vermischen, bis eine dicke Paste entsteht.
- Das Öl in einer Pfanne erhitzen. Den Fisch großzügig mit dem Teig bestreichen und bei mittlerer Hitze goldbraun braten. Abgießen und heiß servieren.

Fisch- und Kartoffelbrötchen

Für 4 Personen

Zutaten

675 g Zitronenzunge, geschält und filetiert

Salz nach Geschmack

Teelöffel: Kurkuma

1 große Kartoffel, gekocht

2 Teelöffel Zitronensaft

2 Esslöffel Koriander, fein gehackt

2 kleine Zwiebeln, fein gehackt

1 Teelöffel Garam Masala

2-3 kleine grüne Paprika

½ Teelöffel Chilipulver

Raffiniertes Pflanzenöl zum Braten

2 Eier, geschlagen

6-7 Esslöffel Semmelbrösel

Methode

- Den Fisch 15 Minuten lang dämpfen.
- Abgießen und mit den restlichen Zutaten außer Öl, Eiern und Semmelbröseln vermischen. Kneten und in 8 6 cm dicke Rollen teilen.
- Das Öl in einer Pfanne erhitzen. Die Brötchen in das Ei tauchen, panieren und bei mittlerer Hitze goldbraun braten. Abgießen und heiß servieren.

Garnelen-Masala

Für 4 Personen

Zutaten

4 Esslöffel raffiniertes Pflanzenöl

3 Zwiebeln, 1 in Scheiben geschnitten und 2 gehackt

2 Teelöffel Koriandersamen

3 Nelken

2,5 cm/1 Zimt

5 Pfefferkörner

100 g frische Kokosnuss, gerieben

6 getrocknete rote Paprika

500 g rosa Garnelen, geschält und vom Rand befreit

½ Teelöffel Kurkuma

250 ml/8 Flüssigunzen Wasser

2 Teelöffel Tamarindenpaste

Salz nach Geschmack

Methode

- 1 Esslöffel Öl in einem Topf erhitzen. In Scheiben geschnittene Zwiebeln, Koriandersamen, Nelken, Zimt, Pfefferkörner, Kokosnuss und rote Chilischoten bei mittlerer Hitze 2-3 Minuten anbraten. Zu einer glatten Paste vermahlen. Beiseite legen.
- Restliches Öl in einem Topf erhitzen. Die in Scheiben geschnittenen Zwiebeln dazugeben und bei mittlerer Hitze goldbraun anbraten. Garnelen, Kurkuma und Wasser hinzufügen. Gut vermischen und 5 Minuten köcheln lassen.
- Gemahlene Paste, Tamarindenpaste und Salz hinzufügen. 15 Minuten bräunen. Heiß servieren.

Knoblauchfisch

Für 4 Personen

Zutaten

500 g Schwertfisch, geschält und filetiert

Salz nach Geschmack

1 Teelöffel Kurkuma

1 Esslöffel raffiniertes Pflanzenöl

2 große Zwiebeln, fein gerieben

2 Teelöffel Knoblauchpaste

½ Teelöffel Ingwerpaste

1 Teelöffel gemahlener Koriander

125 g Tomatenpüree

Methode

- Den Fisch 30 Minuten mit Salz und Kurkuma marinieren.
- Das Öl in einem Topf erhitzen. Zwiebeln, Knoblauchpaste, Ingwerpaste und gemahlenen Koriander hinzufügen. Bei mittlerer Hitze 2 Minuten braten.
- Tomatenpüree und Fisch hinzufügen. 15–20 Minuten kochen lassen. Heiß servieren.

Reis mit Kartoffeln

Für 4 Personen

Zutaten

150 g Ghee plus etwas Ghee zum Braten

1 große Zwiebel

2,5 cm Ingwerwurzel

6 Knoblauchzehen

125 g/4½ Unzen Joghurt, geschlagen

4 Esslöffel Milch

2 grüne Kardamomkapseln

2 Nelken

1 cm/½ Zimt

250 g Basmatireis, 30 Minuten eingeweicht und abgetropft

Salz nach Geschmack

1 Liter/1¾ Pints Wasser

15 Cashewnüsse, frittiert

Für die Fleischbällchen:

3 große Kartoffeln, gekocht und püriert

125g Besan*

½ Teelöffel Chilipulver

½ Teelöffel Kurkuma

1 Teelöffel Garam-Masala-Pulver

1 große Zwiebel, gerieben

Methode

- Alle Gnocchi-Zutaten miteinander vermischen. Teilen Sie die Mischung in kleine Kugeln.
- Ghee zum Braten in einer Pfanne erhitzen. Die Fleischbällchen dazugeben und bei mittlerer Hitze goldbraun braten. Lassen Sie sie abtropfen und legen Sie sie beiseite.
- Zwiebel, Ingwer und Knoblauch zu einer Paste zermahlen.
- 60 g Butterschmalz in einem Topf erhitzen. Die Paste dazugeben und bei mittlerer Hitze glasig braten.
- Joghurt, Milch und Kartoffelbällchen hinzufügen. Lassen Sie die Mischung 10–12 Minuten kochen. Beiseite legen.
- Restliches Ghee in einer anderen Pfanne erhitzen. Kardamom, Nelken, Zimt, Reis, Salz und Wasser hinzufügen. Mit einem Deckel abdecken und 15–20 Minuten kochen lassen.
- Die Reis-Kartoffel-Mischung abwechselnd schichtweise in einer Auflaufform anrichten. Mit einer Schicht Reis abschließen. Mit Cashewnüssen garnieren.
- Den Reis mit Kartoffeln im Ofen bei 200°C 7-8 Minuten garen. Heiß servieren.

Gemüsespreu

Für 4 Personen

Zutaten

5 Esslöffel raffiniertes Pflanzenöl

2 Nelken

2 grüne Kardamomkapseln

4 schwarze Pfefferkörner

2,5 cm/1 Zimt

1 große Zwiebel, fein gehackt

1 Teelöffel Ingwerpaste

1 Teelöffel Knoblauchpaste

2 grüne Chilischoten, fein gehackt

1 Teelöffel Garam Masala

150 g gemischtes Gemüse (grüne Bohnen, Kartoffeln, Karotten usw.)

500 g Langkornreis, 30 Minuten eingeweicht und abgetropft

Salz nach Geschmack

600 ml/1 Liter heißes Wasser

Methode

- Das Öl in einem Topf erhitzen. Nelken, Kardamom, Pfefferkörner und Zimt hinzufügen. Lassen Sie sie 15 Sekunden lang spucken.
- Die Zwiebel dazugeben und bei mittlerer Hitze 2-3 Minuten anbraten, dabei gelegentlich umrühren.
- Ingwerpaste, Knoblauchpaste, grüne Chilis und Garam Masala hinzufügen. Gut mischen. Diese Mischung eine Minute lang braten.
- Gemüse und Reis hinzufügen. Den Pulao bei mittlerer Hitze 4 Minuten anbraten.
- Salz und Wasser hinzufügen. Gut mischen. Bei mittlerer Hitze eine Minute kochen lassen.
- Mit einem Deckel abdecken und 10-12 Minuten kochen lassen. Heiß servieren.

Kachche Gosht ki Biryani

(Lamm Biryani)

Für 4-6 Personen

Zutaten

1 kg Lammfleisch, in 5 cm große Stücke geschnitten

1 Liter/1¾ Pints Wasser

Salz nach Geschmack

6 Nelken

5 cm Zimt

5 grüne Kardamomkapseln

4 Lorbeerblätter

6 schwarze Pfefferkörner

750 g Basmatireis, 30 Minuten eingeweicht und abgetropft

150 g/5½ oz geklärte Butter

Eine Prise Safran, aufgelöst in 1 Esslöffel Milch

5 große Zwiebeln, in Scheiben geschnitten und gebraten

Für die Marinade:

200 g Joghurt

1 Teelöffel Kurkuma

1 Teelöffel Chilipulver

1 Teelöffel Ingwerpaste

1 Teelöffel Knoblauchpaste

1 Teelöffel Salz

25 g/ein paar Korianderblätter, fein gehackt

25 g/ein paar Minzblätter, fein gehackt

Methode

- Alle Zutaten für die Marinade vermischen und die Lammstücke mit dieser Mischung 4 Stunden lang marinieren.
- In einem Topf das Wasser mit Salz, Nelken, Zimt, Kardamom, Lorbeerblatt und Pfefferkörnern vermischen. Bei mittlerer Hitze 5-6 Minuten kochen lassen.
- Den abgetropften Reis hinzufügen. 5-7 Minuten kochen lassen. Überschüssiges Wasser abgießen und den Reis beiseite stellen.
- Gießen Sie das Ghee in eine große hitzebeständige Auflaufform und legen Sie das marinierte Fleisch darauf. Den Reis schichtweise auf dem Fleisch anrichten.
- Streuen Sie die Safranmilch und etwas Ghee auf die oberste Schicht.

- Die Pfanne mit Alufolie verschließen und mit einem Deckel abdecken.
- 40 Minuten köcheln lassen.
- Vom Herd nehmen und weitere 30 Minuten ruhen lassen.
- Das Biryani mit Zwiebeln garnieren. Bei Zimmertemperatur servieren.

Achari Gosht ki Biryani

(Mariniertes Hammel-Biryani)

Für 4-6 Personen

Zutaten

4 mittelgroße Zwiebeln, fein gehackt

Joghurt 400g/14oz

2 Teelöffel Ingwerpaste

2 Teelöffel Knoblauchpaste

1 kg Hammelfleisch, in 5 cm große Stücke geschnitten

2 Teelöffel Kreuzkümmelsamen

2 Teelöffel Bockshornkleesamen

1 Teelöffel Zwiebelsamen

2 Teelöffel Senfkörner

10 grüne Chilischoten

6,5 Esslöffel geklärte Butter

50 g Minzblätter, fein gehackt

100 g Korianderblätter fein gehackt

2 Tomaten, in Viertel geschnitten

750 g Basmatireis, 30 Minuten eingeweicht und abgetropft

Salz nach Geschmack

3 Nelken

2 Lorbeerblätter

5 cm Zimt

4 schwarze Pfefferkörner

Eine große Prise Safran, aufgelöst in 1 Esslöffel Milch

Methode

- Zwiebeln, Joghurt, Ingwerpaste und Knoblauchpaste vermischen. Marinieren Sie das Hammelfleisch mit dieser Mischung 30 Minuten lang.
- Kreuzkümmel, Bockshornklee, Zwiebeln und Senfkörner zusammen trocken rösten. Zerstampfen Sie sie zu einer groben Paste.
- Die grünen Chilischoten aufteilen und mit der gehackten Mischung füllen. Beiseite legen.
- 6 Esslöffel Ghee in einer Pfanne erhitzen. Fügen Sie das Hammelfleisch hinzu. Das Hammelfleisch bei mittlerer Hitze 20 Minuten anbraten. Stellen Sie sicher, dass alle Seiten der Hammelfleischstücke gleichmäßig gebräunt sind.
- Fügen Sie die gefüllten grünen Chilischoten hinzu. Weitere 10 Minuten weiterkochen.
- Minzblätter, Korianderblätter und Tomaten hinzufügen. 5 Minuten lang gut vermischen. Beiseite legen.
- Den Reis mit Salz, Nelken, Lorbeerblatt, Zimt und Pfefferkörnern vermischen. Bringen Sie die Mischung zum Kochen. Beiseite legen.

- Das restliche Ghee in eine Auflaufform füllen.
- Die gebratenen Hammelfleischstücke auf das Ghee legen. Den Parboiled-Reis in einer Schicht auf dem Hammelfleisch anrichten.
- Die Safranmilch über den Reis gießen.
- Die Auflaufform mit Frischhaltefolie verschließen und mit einem Deckel abdecken. Die Biryani im vorgeheizten Backofen bei 200 °C (400 °F, Gasstufe 6) 8–10 Minuten garen.
- Heiß servieren.

Yakhni Pulao

(Kaschmir Pulao)

Für 4 Personen

Zutaten

600 g Hammelfleisch, in 2,5 cm große Stücke geschnitten

2 Lorbeerblätter

10 schwarze Pfefferkörner

Salz nach Geschmack

1,7 Liter/3 Pints heißes Wasser

5 Esslöffel raffiniertes Pflanzenöl

4 Nelken

3 grüne Kardamomkapseln

2,5 cm/1 Zimt

1 Esslöffel Knoblauchpaste

1 Esslöffel Ingwerpaste

3 große Zwiebeln, fein gehackt

500 g Basmatireis, 30 Minuten eingeweicht und abgetropft

1 Teelöffel gemahlener Kreuzkümmel

2 Teelöffel gemahlener Koriander

200g Joghurt, geschlagen

1 Teelöffel Garam Masala

60g Zwiebeln, in Scheiben geschnitten und gebraten

4-5 frittierte Rosinen

½ Gurke, in Scheiben geschnitten

1 Tomate, in Scheiben geschnitten

1 Ei, hartgekocht und in Scheiben geschnitten

1 grüne Paprika, in Scheiben geschnitten

Methode

- Hammelfleisch, Lorbeerblätter, Pfefferkörner und Salz ins Wasser geben. Diese Mischung in einem Topf bei mittlerer Hitze 20–25 Minuten kochen.
- Die Hammelmischung abtropfen lassen und beiseite stellen. Die Brühe aufbewahren.
- Das Öl in einem Topf erhitzen. Nelken, Kardamom und Zimt hinzufügen. Lassen Sie sie 15 Sekunden lang spucken.
- Knoblauchpaste, Ingwerpaste und Zwiebeln hinzufügen. Bei mittlerer Hitze goldbraun braten.
- Fügen Sie die Hammelfleischmischung hinzu. 4-5 Minuten braten, dabei regelmäßig umrühren.
- Reis, Kreuzkümmel, Koriander, Joghurt, Garam Masala und Salz hinzufügen. Leicht mischen.
- Fügen Sie die Hammelbrühe mit so viel heißem Wasser hinzu, dass es 2,5 cm über dem Reisniveau steht.
- Den Pulao 10-12 Minuten kochen lassen.

- Mit Zwiebelringen, Rosinen, Gurke, Tomate, Ei und grünem Pfeffer garnieren. Heiß servieren.

Hyderabadi Biryani

Für 4 Personen

Zutaten

1 kg Hammelfleisch, in 3,5 cm große Stücke geschnitten

2 Teelöffel Ingwerpaste

2 Teelöffel Knoblauchpaste

Salz nach Geschmack

6 Esslöffel raffiniertes Pflanzenöl

Joghurt 500g/1lb 2oz

2 Liter/3½ Pints Wasser

2 große Kartoffeln, geschält und in Viertel geschnitten

750g Basmatireis, blanchiert

1 Esslöffel Ghee, erwärmt

Für die Gewürzmischung:

4 große Zwiebeln, in dünne Scheiben geschnitten

3 Nelken

2,5 cm/1 Zimt

3 grüne Kardamomkapseln

2 Lorbeerblätter

6 Pfefferkörner

6 grüne Chilischoten

50 g gehackte Korianderblätter

2 Teelöffel Zitronensaft

1 Esslöffel gemahlener Kreuzkümmel

1 Teelöffel Kurkuma

1 Esslöffel gemahlener Koriander

Methode

- Das Hammelfleisch mit Ingwerpaste, Knoblauchpaste und Salz 2 Stunden lang marinieren.
- Alle Zutaten der Gewürzmischung miteinander vermischen.
- Das Öl in einem Topf erhitzen. Die Gewürzmischung hinzufügen und bei mittlerer Hitze 5-7 Minuten anbraten.
- Joghurt, mariniertes Hammelfleisch und 250 ml Wasser hinzufügen. 15–20 Minuten köcheln lassen, dabei gelegentlich umrühren.
- Kartoffeln, Reis und das restliche Wasser hinzufügen. 15 Minuten köcheln lassen.
- Gießen Sie das Ghee über den Reis und decken Sie ihn fest mit einem Deckel ab.
- Kochen, bis der Reis gar ist. Heiß servieren.

Gemüse-Biryani

Für 4 Personen

Zutaten

4 Esslöffel raffiniertes Pflanzenöl

2 große Zwiebeln, in dünne Scheiben geschnitten

1 Esslöffel Ingwerpaste

1 Esslöffel Knoblauchpaste

6 Pfefferkörner

2 Lorbeerblätter

3 grüne Kardamomkapseln

2,5 cm/1 Zimt

3 Nelken

1 Teelöffel Kurkuma

1 Esslöffel gemahlener Koriander

6 rote Paprika, gemahlen

50 g frische Kokosnuss, gerieben

200 g gefrorenes gemischtes Gemüse

2 Scheiben Ananas, fein gehackt

10-12 Cashewnüsse

200 g Joghurt

Salz nach Geschmack

750g Basmatireis, blanchiert

Etwas gelbe Lebensmittelfarbe

4 Teelöffel geklärte Butter

1 Esslöffel gemahlener Kreuzkümmel

3 Esslöffel fein gehackte Korianderblätter

Methode
- Das Öl in einem Topf erhitzen. Alle Zwiebeln, Ingwerpaste und Knoblauchpaste hinzufügen. Die Mischung bei mittlerer Hitze anbraten, bis die Zwiebeln glasig werden.
- Pfefferkörner, Lorbeerblätter, Kardamom, Zimt, Nelken, Kurkuma, gemahlenen Koriander, rote Chilis und Kokosnuss hinzufügen. Gut mischen. 2-3 Minuten braten, dabei gelegentlich umrühren.
- Gemüse, Ananas und Cashewnüsse hinzufügen. Die Mischung 4–5 Minuten anbraten.
- Den Joghurt hinzufügen. Eine Minute lang gut vermischen.
- Den Reis in einer Schicht auf der Gemüsemischung verteilen und die Oberseite mit Lebensmittelfarbe bestreuen.
- Das Ghee in einem anderen kleinen Topf erhitzen. Den gemahlenen Kreuzkümmel hinzufügen. Lassen Sie es 15 Sekunden lang spucken.
- Gießen Sie es direkt auf den Reis.

- Mit einem Deckel abdecken und darauf achten, dass kein Dampf entweicht. Bei schwacher Hitze 10-15 Minuten kochen lassen.
- Mit Korianderblättern dekorieren. Heiß servieren.

Grünkohl Moti ki Biryani

(Ganzes Gramm schwarzes Biryani)

Für 4 Personen

Zutaten

500 g Basmatireis, 30 Minuten eingeweicht und abgetropft

500 ml Milch

1 Teelöffel Garam Masala

500 ml/16 Flüssigunzen Wasser

Salz nach Geschmack

75 g geklärte Butter

2 Teelöffel Ingwerpaste

2 Teelöffel Knoblauchpaste

3 grüne Chilischoten, der Länge nach geschnitten

6 große Kartoffeln, geschält und in Viertel geschnitten

2 Tomaten, fein gehackt

½ Teelöffel Chilipulver

⅓ c: Kurkuma

200 g Joghurt

300 g Urad-Bohnen*, gekocht

1 Teelöffel Safran, eingeweicht in 60 ml Milch

25 g/ein paar Korianderblätter, fein gehackt

10 g Minzblätter, fein gehackt

2 große Zwiebeln, in Scheiben geschnitten und gebraten

3 grüne Kardamomkapseln

5 Nelken

2,5 cm/1 Zimt

1 Lorbeerblatt

Methode

- Den Reis mit Milch, Garam Masala, Wasser und Salz in einer Pfanne bei mittlerer Hitze 7–8 Minuten kochen. Beiseite legen.
- Butterschmalz in einer Pfanne erhitzen. Ingwerpaste und Knoblauchpaste hinzufügen. Bei mittlerer Hitze eine Minute kochen lassen.
- Grüne Chilis und Kartoffeln hinzufügen. Die Mischung 3-4 Minuten braten.
- Tomaten, Chilipulver und Kurkuma hinzufügen. Gut mischen. Unter häufigem Rühren 2-3 Minuten braten.
- Den Joghurt hinzufügen. 2-3 Minuten lang vorsichtig mischen.
- Urad-Bohnen hinzufügen. Bei schwacher Hitze 7-10 Minuten kochen lassen.
- Die Bohnen mit Korianderblättern, Minzblättern, Zwiebeln, Kardamom, Nelken, Zimt und Lorbeerblättern bestreuen.

- Den gekochten Reis gleichmäßig auf der Bohnenmischung verteilen. Die Safranmilch über den Reis gießen.
- Mit Frischhaltefolie verschließen und mit einem Deckel abdecken.
- Die Biryani im Ofen bei 200 °C (400 °F, Gasstufe 6) 15–20 Minuten garen. Heiß servieren.

Gehackt und Masoor Pulao

(Geschnittene und ganze rote Linsen mit Pilawreis)

Für 4 Personen

Zutaten

6 Esslöffel raffiniertes Pflanzenöl

2 Nelken

2 grüne Kardamomkapseln

6 schwarze Pfefferkörner

2 Lorbeerblätter

2,5 cm/1 Zimt

1 Teelöffel Ingwerpaste

1 Teelöffel Knoblauchpaste

1 große Zwiebel, fein gehackt

2 grüne Chilischoten, fein gehackt

1 Teelöffel Chilipulver

½ Teelöffel Kurkuma

2 Teelöffel gemahlener Koriander

1 Teelöffel gemahlener Kreuzkümmel

500g gehacktes Lammfleisch

150g ganze Masse*, 30 Minuten einweichen und abtropfen lassen

250 g Langkornreis, 30 Minuten eingeweicht und abgetropft

750 ml/1 Liter heißes Wasser

Salz nach Geschmack

10 g Korianderblätter, fein gehackt

Methode

- Das Öl in einem Topf erhitzen. Nelken, Kardamom, Pfefferkörner, Lorbeerblätter, Zimt, Ingwerpaste und Knoblauchpaste hinzufügen. Diese Mischung bei mittlerer Hitze 2-3 Minuten braten.
- Fügen Sie die Zwiebel hinzu. Sautieren, bis es durchscheinend ist.
- Grüne Chilis hinzufügen. Eine Minute braten.
- Chilipulver, Kurkuma, gemahlenen Koriander und Kreuzkümmel hinzufügen. 2 Minuten lang mischen.
- Hackfleisch, Masoor und Reis hinzufügen. Bei mittlerer Hitze 5 Minuten lang gut kochen lassen, dabei in regelmäßigen Abständen leicht umrühren.
- Heißes Wasser und Salz hinzufügen.
- Mit einem Deckel abdecken und 15 Minuten kochen lassen.
- Den Pulao mit Korianderblättern garnieren. Heiß servieren.

Hühnchen Biryani

Für 4 Personen

Zutaten

1 kg Hähnchen ohne Haut und mit Knochen, in 8 Stücke geschnitten

6 Esslöffel raffiniertes Pflanzenöl

10 Cashewnüsse

10 Rosinen

500 g Basmatireis, 30 Minuten eingeweicht und abgetropft

3 Nelken

2 Lorbeerblätter

5 cm Zimt

4 schwarze Pfefferkörner

Salz nach Geschmack

4 große Zwiebeln, in dünne Scheiben geschnitten

250 ml/8 Flüssigunzen Wasser

2,5 Esslöffel geklärte Butter

Eine große Prise Safran, aufgelöst in 1 Esslöffel Milch

Für die Marinade:

1 1/2 Teelöffel Knoblauchpaste

1 1/2 Teelöffel Ingwerpaste

3 grüne Chilischoten, fein gehackt

1 Teelöffel Garam Masala

1 Teelöffel gemahlener schwarzer Pfeffer

1 Esslöffel gemahlener Koriander

2 Teelöffel gemahlener Kreuzkümmel

Joghurt 125g/4½oz

Methode

- Alle Marinadenzutaten miteinander vermischen. Marinieren Sie das Huhn mit dieser Mischung 3–4 Stunden lang.
- 1 Esslöffel Öl in einem Topf erhitzen. Cashewnüsse und Rosinen hinzufügen. Bei mittlerer Hitze goldbraun braten. Abgießen und aufbewahren.
- Den abgetropften Reis mit Nelken, Lorbeerblatt, Zimt, Pfefferkörnern und Salz kochen. Beiseite legen.
- 3 Esslöffel Öl in einem Topf erhitzen. Die Hähnchenteile dazugeben und bei mittlerer Hitze 20 Minuten anbraten, dabei gelegentlich wenden. Beiseite legen.
- Den Rest des Öls in einer anderen Pfanne erhitzen. Die Zwiebeln dazugeben und bei mittlerer Hitze goldbraun anbraten.
- Die gebratenen Hähnchenstücke dazugeben. Bei mittlerer Hitze weitere 5 Minuten garen.
- Wasser hinzufügen und köcheln lassen, bis das Huhn gar ist. Beiseite legen.
- 2 Esslöffel Ghee in eine Auflaufform geben. Fügen Sie die Hühnermischung hinzu. Den Reis in einer Schicht über dem Hähnchen verteilen.

- Gießen Sie die Safranmilch darüber und fügen Sie den Rest des Ghee hinzu.
- Mit Frischhaltefolie verschließen und mit einem Deckel fest abdecken.
- Bei 200 °C (400 °F, Gasstufe 6) 8–10 Minuten backen.
- Mit gebratenen Cashewnüssen und Rosinen garnieren. Heiß servieren.

Prawn Biryani

Für 6 Personen

Zutaten

600 g große Garnelen, gereinigt und enthaart

Salz nach Geschmack

1 Teelöffel Kurkuma

250 ml raffiniertes Pflanzenöl

4 große Zwiebeln, in Scheiben geschnitten

4 Tomaten, fein gehackt

2-3 Kartoffeln, geschält und in Würfel geschnitten

50 g Korianderblätter fein gehackt

25 g/ein paar Minzblätter, fein gehackt

200 g Joghurt

2 grüne Chilis, gehackt

450 g gedämpfter Basmatireis (sieheHier)

Für die Gewürzmischung:

4 Nelken

2,5 cm/1 Zimt

3 grüne Kardamomkapseln

4 schwarze Pfefferkörner

2-3 grüne Chilischoten

¼ frische Kokosnuss, gerieben

4 rote Paprika

12 Knoblauchzehen

1 Teelöffel Kreuzkümmel

1 Teelöffel Koriander

Methode

- Alle Zutaten für die Gewürzmischung grob mahlen. Beiseite legen.
- Mischen Sie die Garnelen mit Salz und Kurkuma. Beiseite legen.
- 2 Esslöffel Öl in einem Topf erhitzen. Die Zwiebeln dazugeben und bei mittlerer Hitze goldbraun anbraten. Beiseite legen.
- Restliches Öl in einem Topf erhitzen. Die Hälfte der Röstzwiebeln mit der gemahlenen Gewürzmischung hinzufügen. Gut vermischen und bei mittlerer Hitze eine Minute braten.
- Tomaten, Kartoffeln, Salz und Garnelen hinzufügen. Kochen Sie die Mischung 5 Minuten lang.
- Koriander, Minzblätter, Joghurt und grüne Chilis hinzufügen. Gut mischen. 10 Minuten köcheln lassen, dabei in regelmäßigen Abständen leicht umrühren. Beiseite legen.
- In einem großen Topf die Reis-Garnelen-Mischung abwechselnd schichtenweise anrichten. Mit einer Schicht Reis abschließen.

- Die restlichen Zwiebeln darüber streuen, einen Deckel auflegen und 30 Minuten köcheln lassen. Heiß servieren.

Kartoffel-Ei-Biryani

Für 4-5 Personen

Zutaten

5 Esslöffel raffiniertes Pflanzenöl

3 Nelken

2,5 cm/1 Zimt

3 grüne Kardamomkapseln

2 Lorbeerblätter

6 Pfefferkörner

3 große Zwiebeln, in dünne Scheiben geschnitten

3 große Tomaten, fein gehackt

Salz nach Geschmack

Teelöffel: Kurkuma

200 g Joghurt

3 große Kartoffeln, geschält, geviertelt und frittiert

6 Eier, hart gekocht und der Länge nach halbiert

300 g gedämpfter Basmatireis

2 Esslöffel geklärte Butter

1 Esslöffel Kreuzkümmelsamen

Etwas gelbe Lebensmittelfarbe

Für den Teig:

1 Esslöffel weiße Sesamkörner

4-5 rote Paprika

8 Knoblauchzehen

5 cm Ingwerwurzel

2-3 grüne Chilischoten

50 g Korianderblätter

1 Esslöffel Koriandersamen

Methode

- Alle Teigzutaten mit ausreichend Wasser zu einer dicken Paste vermahlen. Beiseite legen.
- Das Öl in einem Topf erhitzen. Alle Nelken, Zimt, Kardamom, Lorbeerblätter und Pfefferkörner hinzufügen. Lassen Sie sie 30 Sekunden lang spucken.
- Fügen Sie die Zwiebeln hinzu. Bei mittlerer Hitze braten, bis sie glasig werden.
- Das Püree mit den Kirschtomaten, Salz und Kurkuma hinzufügen. 2-3 Minuten braten, dabei gelegentlich umrühren.
- Den Joghurt hinzufügen. Kochen Sie die Mischung bei mittlerer Hitze und rühren Sie dabei häufig um.
- Fügen Sie die Kartoffeln hinzu. Mischen Sie sie gut, um sie mit der Soße zu überziehen.
- Geben Sie die Eistücke vorsichtig mit der Eigelbseite nach oben hinein.
- Den Reis auf den Eistücken verteilen. Legen Sie diese Bestimmung beiseite.

- Das Butterschmalz in einem kleinen Topf erhitzen. Die Kreuzkümmelsamen hinzufügen. Lassen Sie sie 15 Sekunden lang spucken.
- Gießen Sie diese Mischung direkt auf den Reis.
- Streuen Sie Lebensmittelfarbe darüber und decken Sie die Pfanne mit einem Deckel ab.
- 30 Minuten kochen lassen. Heiß servieren.

Den Poulao schneiden

(Lammhackfleisch mit Pilau-Reis)

Für 4 Personen

Zutaten

5 Esslöffel raffiniertes Pflanzenöl

2 Nelken

2 grüne Kardamomkapseln

6 schwarze Pfefferkörner

2 Lorbeerblätter

2,5 cm/1 Zimt

1 große Zwiebel, fein gehackt

1 Teelöffel Ingwerpaste

1 Teelöffel Knoblauchpaste

2 grüne Chilischoten, fein gehackt

2 Teelöffel gemahlener Koriander

1 Teelöffel Chilipulver

½ Teelöffel Kurkuma

1 Teelöffel gemahlener Kreuzkümmel

500g gehacktes Lammfleisch

350 g Langkornreis, 30 Minuten in Wasser eingeweicht und abgetropft

750 ml/1¼fl oz heißes Wasser

Salz nach Geschmack

10 g Korianderblätter, fein gehackt

Methode

- Das Öl in einem Topf erhitzen. Nelken, Kardamom, Pfefferkörner, Lorbeerblätter und Zimt hinzufügen. Lassen Sie sie 15 Sekunden lang spucken.
- Fügen Sie die Zwiebel hinzu. Bei mittlerer Hitze glasig braten.
- Ingwerpaste, Knoblauchpaste, grüne Chilischoten, gemahlenen Koriander, Chilipulver, Kurkuma und gemahlenen Kreuzkümmel hinzufügen.
- 2 Minuten braten. Hackfleisch und Reis hinzufügen. Diese Mischung 5 Minuten lang anbraten.
- Heißes Wasser und Salz hinzufügen.
- Mit einem Deckel abdecken und 15 Minuten kochen lassen.
- Den Pulao mit Korianderblättern garnieren. Heiß servieren.

Chana Pulao

(Kichererbsen mit Pilau-Reis)

Für 4 Personen

Zutaten

2 Esslöffel raffiniertes Pflanzenöl

1 Teelöffel Kreuzkümmelsamen

1 große Zwiebel, fein gehackt

1 Teelöffel Ingwerpaste

1 Teelöffel Knoblauchpaste

2 grüne Chilischoten, fein gehackt

300 g Kichererbsen aus der Dose

300 g Langkornreis, 30 Minuten eingeweicht und abgetropft

Salz nach Geschmack

250 ml/8 Flüssigunzen Wasser

Methode

- Das Öl in einem Topf erhitzen. Die Kreuzkümmelsamen hinzufügen. Lassen Sie sie 15 Sekunden lang spucken.
- Zwiebeln, Ingwerpaste, Knoblauchpaste und grüne Chilis hinzufügen. Diese Mischung bei mittlerer Hitze 2-3 Minuten braten.

- Kichererbsen und Reis hinzufügen. 4–5 Minuten anbraten.
- Salz und Wasser hinzufügen. Den Pulao eine Minute lang bei mittlerer Hitze kochen.
- Mit einem Deckel abdecken und 10-12 Minuten kochen lassen.
- Heiß servieren.

Einfaches Khichdi

(Gemischter Reis und Linsen)

Für 4 Personen

Zutaten

1 Esslöffel geklärte Butter

1 Teelöffel Kreuzkümmelsamen

2 grüne Chilischoten, der Länge nach geschnitten

250 g Langkornreis

150 g Mung Dhal*

1 Liter/1¾ Pints heißes Wasser

Salz nach Geschmack

Methode

- Butterschmalz in einem Topf erhitzen. Kreuzkümmel und grüne Chilis hinzufügen. Lassen Sie sie 15 Sekunden lang spucken.
- Reis und Mung Dhal hinzufügen. 5 Minuten anbraten.
- Heißes Wasser und Salz hinzufügen. Gut mischen. Mit einem Deckel abdecken. Kochen Sie das Khichdi 15 Minuten lang – es sollte eine breiartige Konsistenz haben.
- Heiß servieren.

Masala-Reis

(Scharfer Reis)

Für 4 Personen

Zutaten

6 Esslöffel raffiniertes Pflanzenöl

½ Teelöffel Senfkörner

10 Curryblätter

2 grüne Chilischoten, der Länge nach geschnitten

Teelöffel: Kurkuma

2 große Zwiebeln, in dünne Scheiben geschnitten

½ Teelöffel Chilipulver

2 Teelöffel Zitronensaft

Salz nach Geschmack

300 g gedämpfter Langkornreis

1 Esslöffel gehackte Korianderblätter

Methode

- Das Öl in einem Topf erhitzen. Senfkörner, Curryblätter und grüne Chilis hinzufügen. Lassen Sie sie 15 Sekunden lang spucken. Kurkuma und Zwiebeln hinzufügen. Die Mischung bei mittlerer Hitze anbraten, bis die Zwiebeln goldbraun sind.
- Die restlichen Zutaten außer dem Koriander hinzufügen. Bei schwacher Hitze 5 Minuten lang vorsichtig umrühren. Mit Korianderblättern dekorieren. Heiß servieren.

www.ingramcontent.com/pod-product-compliance
Lightning Source LLC
Chambersburg PA
CBHW050152130526
44591CB00033B/1289